附录 A

元宇宙未来应用图景

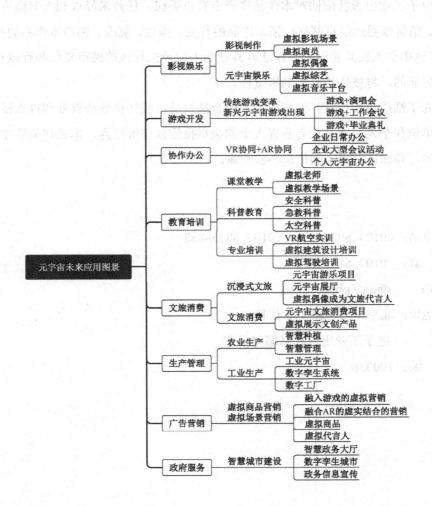

反侵权盗版声明

　　电子工业出版社依法对本作品享有专有出版权。任何未经权利人书面许可，复制、销售或通过信息网络传播本作品的行为；歪曲、篡改、剽窃本作品的行为，均违反《中华人民共和国著作权法》，其行为人应承担相应的民事责任和行政责任，构成犯罪的，将被依法追究刑事责任。

　　为了维护市场秩序，保护权利人的合法权益，我社将依法查处和打击侵权盗版的单位和个人。欢迎社会各界人士积极举报侵权盗版行为，本社将奖励举报有功人员，并保证举报人的信息不被泄露。

举报电话：（010）88254396；（010）88258888

传　　真：（010）88254397

E-mail：　dbqq@phei.com.cn

通信地址：北京市万寿路 173 信箱

　　　　　电子工业出版社总编办公室

邮　　编：100036

元宇宙实操

李 季 任 鹏 李若依 著

电子工业出版社
Publishing House of Electronics Industry
北京·BEIJING

内 容 简 介

本书聚焦元宇宙多元应用，全面讲述元宇宙在多领域的应用现状与商业机会。在内容上，本书针对影视娱乐、游戏开发、协作办公、教育培训、文旅消费、生产管理、广告营销、政府服务等领域，描述了元宇宙目前的应用情况及潜在的商业机会。在未来发展上，本书从数字生态、商业投资、机遇与风险等角度进一步分析了元宇宙的投资价值及面临的挑战。

本书从商业实践的角度，结合大量实践案例对元宇宙多元的应用场景和商业机会进行分析，内容丰富，具有很强的指导意义。

图书在版编目（CIP）数据

元宇宙实操 / 李季，任鹏，李若依著. —北京：电子工业出版社，2022.11

ISBN 978-7-121-44546-0

Ⅰ.①元… Ⅱ.①李… ②任… ③李… Ⅲ.①信息经济—研究 Ⅳ.①F49

中国版本图书馆 CIP 数据核字（2022）第 214449 号

责任编辑：刘志红（lzhmails@163.com）
印　　刷：北京七彩京通数码快印有限公司
装　　订：北京七彩京通数码快印有限公司
出版发行：电子工业出版社
　　　　　北京市海淀区万寿路 173 信箱　邮编：100036
开　　本：720×1 000　1/16　印张：12.5　字数：200 千字
版　　次：2022 年 11 月第 1 版
印　　次：2023 年 8 月第 3 次印刷
定　　价：89.00 元

凡所购买电子工业出版社图书有缺损问题，请向购买书店调换。若书店售缺，请与本社发行部联系，联系及邮购电话：（010）88254888，88258888。

质量投诉请发邮件至 zlts@phei.com.cn，盗版侵权举报请发邮件至 dbqq@phei.com.cn。

本书咨询联系方式：18614084788，lzhmails@163.com。

推荐序

当前，我国已经迈入数字经济时代，以 5G、大数据、虚拟现实、人工智能等为代表的新技术蓬勃发展，移动互联网应用进一步与实体经济融合。中办、国办《关于推进实施国家文化数字化战略的意见》中明确提出：到"十四五"时期末，基本建成文化数字化基础设施和服务平台，形成线上线下融合互动、立体覆盖的文化服务供给体系。到 2035 年，建成物理分布、逻辑关联、快速链接、高效搜索、全面共享、重点集成的国家文化大数据体系，中华文化全景呈现，中华文化数字化成果全民共享。在此背景下，"元宇宙"这个新兴概念顺势而出，成为今天的热门话题和领域热词。

元宇宙的本质主要是对现实世界的虚拟化、数字化过程，对内容生产、经济系统、用户体验及实体世界内容等进行大量改造，被赋予了现实世界和虚拟世界的"高架桥"。随着各行各业对"元宇宙"的大量技术研究和实践探索，积累了大量的实操案例，助推了"元宇宙"概念的实景化、应用化、融合化的发展。

本书的出版恰逢其时，可以作为行业实践者的一本参考工具书。作者通过深度分析，解读了"元宇宙"概念、特征和关键技术，并整理、聚合了有关"元宇宙"相关高质量典型案例。尤其是在新冠肺炎疫情防控常态化背景下，作者对影视综艺制作、文旅消费新空间、教育智慧化转型、数字政务和营销管理等方面与"元宇宙"的融合发展进行了归纳汇总和解读分析，为实现行业数字化转型升级提供了创新理念，为行业探索出一条"元宇宙+"的融合发展道路，为"元宇宙"催生新经济、发展新蓝海提供了理论支持和案例支撑。

本书的出版，对于文化演出市场创新经营也有极高的参考和借鉴价值。文艺院团的演出，可利用"元宇宙"所应用的新技术从消费向生产渗透，带来全要素效率升级，打造沉浸式、体验式、互动式的消费场景化体验，在改变观众体验模式的同时增加体验的深度，创造出人与环境、主观与客观、真实与梦幻之间无数种鲜活灵动的关系，使得场景成为承载文化价值、突出文化品质、彰显文化特色的社会空间，最终搭建文化演出新的消费体验场景，构建全新的呈现图景。

希望本书的出版能获得更多读者的阅读和喜爱！

中央民族乐团党委书记、中国数字文化集团原董事长　刘杰

推荐语

本书立足于产、学、研实际和行业调研，以元宇宙链接各产业融合案例，给城市、企业几个主要抓手：（1）抓住时间窗口，未雨绸缪，直取未来；（2）抓出卓越企业文化；（3）搞出卓越企业总体战略；（4）紧紧抓住数据核心资产；（5）搞好平台化、社群化转型；（6）强化直接交付用户体验能力。

著名战略经济学家、《经济学家周报》主编　管益忻

人类科技的发展日新月异，我们对创造一个新文明体系的"野心"很大，在我看来，元宇宙就是下一个全新的人类文明体系。故而，从现在开始，我们每个人都应该认识和学习元宇宙。

中国国际经济技术合作促进会理事长　杨春光

机会从来都是留给有准备的人。那么，元宇宙是不是千载难逢的商业机会？元宇宙跟你有关系吗？元宇宙是遥远的星空吗？你也许还没有感觉到，元宇宙已经悄悄来到你的身边。并且，巨变，已经开始。看懂了其中一两个实操案例，胜读十年书。

经济学家、如是金融研究院院长　管清友

元宇宙的概念听起来很先锋，也很科幻，把很多人给唬住了。元宇宙可以理解为现实和虚拟的深度融合体。算力是元宇宙的新基建。现在的元宇宙虽处在初级阶段，但这是时代的大潮流，本书恰好提供了一个遨游的契机。

中国文化传媒集团党委副书记、总经理　周泓洋

元宇宙不是虚无缥缈的东西，它是实实在在的，是可以被我们实现的。每个行业都会有狂热期，元宇宙就处在这个时期。大浪淘沙后，很多元宇宙领域的尝试将被证明是对的。

国美零售创始人　黄光裕

理论与实践之间日益紧密的相互激荡、印证和纠错已成为现代科技发展的显著特征，一个混沌初开的元宇宙概念，如拨云见日般让大地万物熠熠生辉，面目一新。我希望这活力四射的创新实践不断前行，开创中国数字化发展的现实新境界和理论新语汇！

中国艺术科技研究所副所长　庹祖海

当今世界在技术变革的推动下高速发展，元宇宙如何推动 Z 时代人的消费变革和模式创新，引起产学研界的热论。但我们确信无疑的是世界各个国家话语权的传播渠道和传播模式正在被改变，未来的元媒体是重要的争夺阵地，我们必须迎头而上，新世界的未来将充满想象。

华侨大学校长　吴剑平

元宇宙作为备受关注的下一代互联网综合体，给互联网产业乃至整个经济体系所带来的巨大机遇和革命性作用毋庸置疑。相信在科技的不断迭进与人们对新型互联网生态的需求下，打造出一个高沉浸感且嵌有情感链接、社会关系及自由市场的平行数字世界只是时间问题。

北京邮电大学科技园元宇宙产业协同创新中心执行主任、
工信部工业互联网区块链重大项目评审专家　陈晓华

元宇宙是虚实融合的下一代人类社会，是数字化智能化高度发展的必然结果。当前虽然处于元宇宙发展的早期阶段，但由于支撑元宇宙的六大技术体系已陆续跨越拐点进入高速发展期，所以元宇宙的应用案例和应用创新日新月异！本书是帮助你开启元宇宙应用之门的一本好书。

优实资本董事长　邢杰

前　言
PREFACE

2021 年是元宇宙元年。元宇宙的概念最初来自一本科幻小说，它指的是借助技术，搭建一个以现实世界为基础的承载虚拟活动的平台。人们通过数字替身进入这个平台，可以在平台上进行社交、娱乐、创作、工作、教育、交易等一切活动。

元宇宙的崛起体现了人们需求的演变。伴随着技术的进步，人们的需求也在不断升级。在短视频、直播成为主流的当下，突破屏幕的交互体验变得越来越重要，而元宇宙能够消除空间带来的隔阂，带给人们沉浸式的交互体验。

同时，对于整个互联网行业而言，元宇宙的出现也满足了其进一步发展的需求。长期以来，互联网行业在内容载体、传播方式、互动性等方面缺乏突破，缺少一个快速发展的契机，而元宇宙可以帮助互联网企业走出内卷，向着新的增长空间进发。

元宇宙带来了新机遇、新机会，各大商业领域的先行者们自然不会放过这个风口，越来越多的行业巨头都加入了探索元宇宙的行列。Roblox 在招股说明书中提出元宇宙概念，成为元宇宙第一股；Facebook 更名 Meta，表示要在 5 年内转型为元宇宙公司；腾讯提出全真互联网概念（线上线下一体化），并与 Roblox 进行战略合作；英伟达推出虚拟协作平台 Omniverse，号称是工程师的元宇宙；字节跳动收购 Pico，通过 VR 入局元宇宙。

元宇宙并不是某个领域的机会，而是对所有领域的创新和颠覆，其中不仅包括远程办公、数字社交、在线教育、在线医疗、金融科技等领域，还包括智慧城市、智能制造、供应链管理等领域。在元宇宙时代，数字化技术带来的是全行业底层商业模式的革新，从而让各行业全面转型升级，找到全新的发展空间。

事实上，目前元宇宙已经在工业、商业、娱乐、教育、医疗、艺术等多领域的实际应用场景中落地。

在工业领域，宝马公司应用英伟达的模拟协作技术平台 Omniverse，搭建了数字工厂，让全球的工程师、设计师可以实现远程协作，加快研发与制造的速度。在商业领域，Snapchat 推出了 AR 试穿功能，用户可以通过 AR 滤镜试穿商品，并看到上身效果。在教育领域，欧洲核子研究组织与谷歌艺术与文化部门推出了"宇宙大爆炸" AR 应用，观看者可以通过 AR 应用看到宇宙诞生和演化的全过程。在医疗领域，加拿大公司 Cobionix 研制出了疫苗注射机器人——Cobi，其能自动定位手臂，确定注射高度，以自主、无痛、无针头的方式注射疫苗。在艺术领域，基于区块链和 NFT 技术的数字藏品已经成为收藏界的新星，2021 年苏富比 NFT 数字藏品的拍卖成交额高达 1 亿美元。

可见，元宇宙将是创新创业的主战场，未来也将涌现一大批新型企业。工业元宇宙、商业元宇宙、教育元宇宙、文化元宇宙、大健康元宇宙等产业元宇宙的发展，将会给经济带来重大发展机遇。而如何在这一新浪潮中抓住机遇，超前布局，是我们需要重点思考的问题。

关注元宇宙的相关从业者不仅要了解什么是元宇宙，更要了解自己所在行业怎样与元宇宙相结合、在商业实践中存在哪些机遇，而本书就对这些内容进行了详细讲解。

笔者虽在元宇宙领域潜心钻研，但书中仍有可补实之处，恳请读者朋友们予以批评指正。

作　者

2022 年 5 月

目 录
PREFACE

第1章

元宇宙开启广阔应用空间

你想象过这样的世界吗？我们可以根据自己的喜好，定制长相、身高、体型，拥有"第二人生"；我们前一秒还在公司上班，下一秒就回到了家中；我们翻开书本，可以体验千年前的故事，和千年前的人物对话……这些或许是科幻小说里才出现的场景，但是现如今，这一切都有了实现的载体——元宇宙。

2021年，元宇宙概念爆发，瞬间席卷了医疗健康、展览展示、游戏娱乐等多个行业。创新企业和创新产品如雨后春笋般涌入大众视野，深刻地影响了产业变革，也勾勒出了一幅令人期待的未来生活图景。

1.1 元宇宙的概念与特征

如此火爆的元宇宙究竟是什么？它为何会成为未来各产业发展的方向？想必很多人心中还存有疑虑。下面就从概念与特征两个方面一起来解析元宇宙。

1.1.1 概念解析：什么是元宇宙

元宇宙这个概念最早出现于科幻作家尼尔·斯蒂芬森的作品《雪崩》中。书中描绘了一个被称为 Metaverse（元宇宙）的虚拟世界，人们可以通过 Avatar（化身）在其中活动，包括购买土地开发许可证，在自己的街区构建街巷、楼宇、公园等。主角通过目镜设备进入 Metaverse，其中灯火辉煌，数百万人在大街上穿行，主角由此开启在这个世界的冒险计划。

元宇宙并非是一种技术，而是一个理念，它需要整合不同的技术，如 5G、人工智能、大数据、区块链、数字孪生、扩展现实等，进而产生一个新型的虚实相融的社会形态。这个虚拟世界与现实世界在经济系统、社交系统、身份系统上联系紧密，并且允许每个进入的人产出和编辑内容。

每一次的技术迭代和革新，都是一个新的契机、新的挑战、新的开始，元宇宙也不例外。很多嗅到风口的互联网企业已经开展了一系列的行动，例如 Facebook 对外宣布更名为 Meta，全面布局元宇宙。这也证明元宇宙已经得到人们的关注，元宇宙时代正在呼啸而至。

目前，互联网发展已经临近瓶颈，内卷化现象严重，不管是内容载体、传播方式，还是交互方式、互动性等方面都缺乏突破，没有新的增长。而元宇宙恰好就是一个突破口，在元宇宙中，我们可以摆脱二维的交互方式，不再是简单地浏览内容，而是进入到内容之中，进行三维立体交互。

一些企业也进行了相关的尝试，例如，百度依托智能视觉、智能语音、自然语言处理、知识图谱等人工智能技术，推出虚拟现实内容平台、虚拟现实交互平台，推动硬件消费体验的升级及内容生产效率的提升。百度副总裁马杰指出："元宇宙是一种未来，一种很大程度上会实现的未来，而现在正是一个可以占据主动权的最佳时机。"

但想要将元宇宙的概念在现实世界普及，不仅要对内容生产、经济系统、用户体验、现实世界内容等进行大量改造，还要解决多人互动、伦理道德、监管规范等问题。因此，元宇宙的发展是循序渐进的，它需要基础设施、标准协议的支撑，还需要众多技术、工具、平台不断融合、进化。

目前，元宇宙仍是一个不断发展的概念，不同的参与者在逐渐丰富它的含义。想要在短时间内在整个社会层面实现元宇宙，我们需要保持理性地审视资本绑架、伦理风险、监管空白、市场泡沫等问题。此外，各技术方、内容方和资本方都需要从底层技术出发，找到元宇宙发展的突破口。

1.1.2 核心特征：真实性+创造性+持续性

元宇宙可以理解为是一个与现实世界平行却又交融的虚拟世界，人们在现实世界能做或不能做到的事情都能在元宇宙中实现。元宇宙有三大核心特征，即真实性、创造性和持续性。

1. 真实性

元宇宙与现实世界保持高度同步和互通，在元宇宙中的体验感无限接近于真实。真实性是元宇宙成立的基础条件，只有体验越真实，人们才能将现实世界的一切工作同步到虚拟世界，在其中生活、娱乐、工作等。另外，用户在元宇宙中交互时能得到真实的反馈信息，才能保证人们在元宇宙的活动能对现实世界产生影响，才能让元宇宙区别于电子游戏。

2. 创造性

元宇宙通过制定标准和协议，将代码模块化，让不同用户都可以在元宇宙进行创造，不断扩展元宇宙边界。元宇宙应该是去中心化、开放、自由的，它不受中心化平台的控制，任何人的任何创意都可以被包容。除此之外，创意的价值也会越来越高，最终变成人们的虚拟资产，为更多人创造财富。

3. 持续性

元宇宙不会"暂停"或"结束",而是以开源的方式无限期地持续运行。元宇宙就像现实世界一样,会一直向前发展,现实世界的新旧更替等规律也同样适用于元宇宙,人们在元宇宙积累的经验、技术、资源也可以成为宝贵的财富,应用于现实世界中。

1.2 元宇宙关键技术

元宇宙需要融合大量创新技术,包括区块链技术、加护技术、游戏技术、网络算力技术、人工智能技术、物联网技术。只有这些技术融会贯通,完美应用,才能实现虚拟和现实界限模糊的元宇宙的构想。

1.2.1 区块链技术:助力元宇宙经济体系生成

区块链是支撑元宇宙经济体系重要的技术,它能够解决元宇宙资产与身份的问题。区块链通过智能合约,为元宇宙提供去中心化的结算平台和价值流转机制,从而在元宇宙世界建立一个稳定、高效、透明的经济系统。

元宇宙跨越现实与虚拟的属性,与区块链技术完美契合。区块链技术将数据存储在分布式账本上,能确定数据的产权,保证数据的唯一性、真实性、独立性,从而能够证明用户数据、数字物品、内容、IP 的归属,让各个产业的全流程变得公开、透明、可追溯(如图 1-1 所示),进而建立一个与现实世界相似,并相联系的经济系统。

除此之外,区块链技术的去中心化特性,可以让用户完全掌控自己的身份数据,而非被中心化平台的规则绑架。元宇宙是一个承载人们未来生活的大型平台,拥有无数的流量和机遇，这将吸引无数资本、中心化平台的投入，而中心化平台的非对称规则可能损害用户的利益。例如，用户拥有游戏账号角色的使用权，却无所有权。而区块链则能让用户的虚拟资产和虚拟身份数据不会被中心化平台垄断，而是储存在区块链的底层平台上。这样一来，用户所有的数据将属于自己，任何平台需要使用都需要向用户付费，而用户也有权决定是否出售。这保障了元宇宙世界人人平等且公开透明。

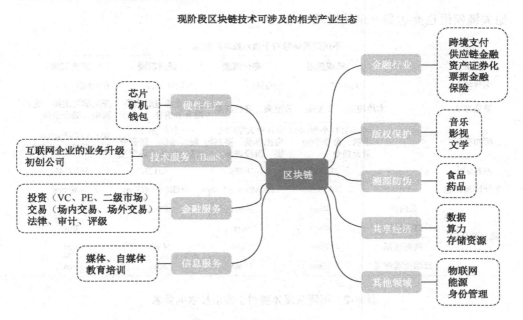

图 1-1　现阶段区块链涉及的相关产业生态

1.2.2　交互技术：实现沉浸式虚实联动

交互技术是制约元宇宙构建超强沉浸感的最大瓶颈。交互技术分为输出技术和输入技术，输出技术主要指将各种电信号转换为人体感官的技术，而输入技术指的是位置传感器、力量传感器、速度传感器等将人体感官转换为电信号的技术。

交互技术的终极发展方向是脑机接口，即通过连接设备让人体的所有感官进入虚拟世界，让人们可以像在现实世界中一样生存。

人眼的分辨率约为 16K（15360×8640，约 1.3 亿像素），这是没有纱窗效应（由于设备屏幕的分辨率不足，人眼会看到显示屏的像素点，就像隔着纱窗看东西一样）的沉浸感起点。如果想实现流畅的 120Hz 及以上的刷新率，1 秒的数据量就高达 15GB，如图 1-2 所示。这只是对显示技术的要求，而除了显示技术外，其他关键模组也要达到一定的要求。

不同沉浸体验对于显示技术的要求

类别		初级沉浸	部分沉浸	深度沉浸	完全沉浸
无线接入		4G/WIFI	5G/R15	5GR16/R17	B5G/6G
渲染方式		本地渲染、云渲染	云渲染、异构渲染	实时光线追踪渲染、混合云渲染	深度学习渲染、光场渲染、混合渲染
感知交互		4G/WIFI+小型GPU 手柄、命令手势、语音指令	5G+中大型GPU 虚拟移动、姿态捕捉、沉浸声场	5G+中大型GPU 眼球追踪、语音交互、自然手势交互	B5G/6G+大型GPU 触觉反馈、随机交互
内容制作		2K/4K	4K/8K	8K/12K	16K/24K
下行体验带宽		20Mbps	100Mbps～1Gbps	1Gbps～4Gbps	>4Gbps
端到端延时	总时延	>40ms	30ms	13ms	8ms
	终端时延	>40ms	5ms	3ms	3ms
	网络时延	>40ms	10ms	4ms	2ms
	云端处理时延	>40ms	15ms	6ms	3ms

图 1-2　不同沉浸体验对于显示技术的要求

现在的交互设备，大部分产品只能支持双目 4K 的分辨率，刷新率也只是在 90～120Hz 之间，并不能作为元宇宙的入口，只能算是粗糙的玩具。未来，随着交互技术的发展，会出现更加拟真、高频的交互方式，从而沉浸感会大幅提升，元宇宙的形态会进一步成熟。

目前，许多交互技术也在持续迭代升级。例如，常见的 VR（虚拟现实）技术、AR（增强现实）技术、MR（混合现实）技术等，在很多文艺作品、影视剧、舞台演出中使用，显著提升了拟真体验和沉浸感。而 VR、AR 与 MR 技术也有望成为第一批为元宇宙交互服务的技术。

1.2.3 游戏技术：赋能用户创作与体验

与元宇宙构建相关的游戏技术指的是游戏引擎相关的 3D 建模和实时渲染技术（如图 1-3 所示），以及数字孪生相关的仿真技术。3D 建模和实时渲染技术是解放虚拟世界生产力的关键技术，可以降低复杂的 3D 人物、事物的制作难度，满足普罗大众的创作需求，从而彻底实现创作者经济的大繁荣。

我国国内常用游戏引擎对比一览表

类型	Unreal	Unity	Gamebryo	Bigworld
图形API	OpenGL、DirectX、Software	OpenGL、DirectX	OpenGL、DirectX	OpenGL、DirectX
操作系统	Windows、Linux、MacOS、Xbox、Playstation、Gamecube	Windows、Linux、Playstation、iphone、Wii	Windows、MacOS、Xbox、PS3	Windows、支持64位操作系统
开源与否	不公开	不公开	不公开	部分源代码开源
内嵌编辑器	UnrealED：基于结构几何表示的实时设计工具脚本配置方式的编辑	完整优秀的编辑工具，包括地形、材质、动画、声音等	为主要DCC工具提供了游戏所需资源的导出插件	附带强大易用的内置编辑器
物理系统	支持基本物理学碰撞检测刚体车辆物理学	内置的PhysX物理引擎	完整地把PhysX系统整合到Gamebryo中	简单的物理系统
人工智能系统	有限状态机脚本	不支持，需要编写脚本AI	支持利用xaitmentAI中间件提供人工智能技术	支持

图 1-3 我国常用的游戏引擎

数字孪生是将现实世界虚拟化的关键技术，可以将现实世界迁移到虚拟世界中，让虚拟世界符合现实世界的物理定律、重力定律、电磁定律等，从而实现现实与虚拟的联动。

游戏技术与交互技术，是元宇宙用户规模增长的两大前提，它们解决了内容的丰富性及元宇宙沉浸感的问题，可以让元宇宙具备高探索性和可玩性。

1.2.4　网络算力技术：实现数据实时稳定传输

元宇宙的交互用户数量将达到亿级规模。现在的许多大型在线游戏一般都使用客户端软件，依靠运营商服务器和用户的终端运行。这样的模式，对进入的用户就形成了一定的门槛，把设备性能不足的用户拒之门外。同时，服务器的承载能力有限，大量用户同时涌入，必然会出现延迟、卡顿等问题。

想要达成元宇宙的终极形态，让所有人都沉浸在元宇宙世界中，必须实现高同步、低延时，让用户获得实时、流畅的完美体验。根据网络测试机构 Open Signal 的数据，4G 端到端时延大概 98 ms，可以满足线上会议、教学等场景的互动需求，但远不能满足元宇宙的严苛要求。例如，VR 设备传输时的眩晕感是由网络时延所产生的头部和画面不能同步转动的现象导致的，而传输速率升级的 5G 带宽就能有效降低时延，并减轻眩晕感。

根据诺基亚贝尔数据，5G 端到端的时延基本在 10ms 以内。而元宇宙需要快速对大量数据进行传输，这需要以强大的通信基础设施作为支撑。但受限于基站数量，5G 的实际传输速率未必能达到理论上的水平，这意味着现在的 5G 也未必能达到元宇宙的要求。目前，日本、韩国等国家已经对 6G 技术有了展望，6G 时延将缩短到 5G 的十分之一，传输速率将达到 5G 的 50 倍，有望真正推动元宇宙的实现。

除此之外，边缘计算也是元宇宙的关键基础技术，通过在数据源头附近使用开放平台，直接提供最近端的服务，从而帮助用户弥补本地算力，提升处理效率，降低网络延迟。

另外，元宇宙用户可以随时随地通过设备进入，沉浸其中，这要求服务器可以实时进行大量计算，这样庞大的运算量是几个服务器无法支撑的。而云计算的分布式系统可以通过互联网连接使用各种服务，以其强大的算力保证大量用户同时在线。

1.2.5 人工智能技术：优化网络+智能生成

人工智能技术可以为元宇宙的应用场景构建提供技术支持，其中包括计算机视觉、机器学习、自然语言处理、智能语音等技术。

计算机视觉是现实图像虚拟化的关键技术，可以为元宇宙提供虚实结合的观感，如图 1-4 所示。机器学习为元宇宙中所有虚拟数字人达到人类学习水平提供技术支撑，可以影响元宇宙运行效率及智慧化程度，如图 1-5 所示；自然语言处理可以保障元宇宙中人与人、人与机器的准确理解和交流，如图 1-6 所示；智能语音则为元宇宙中人与人、人与机器的语言识别提供技术支撑，如图 1-7 所示。

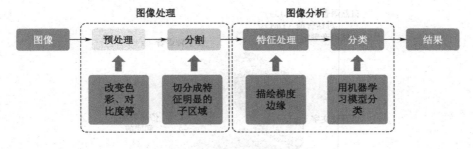

图 1-4　计算机视觉处理流程

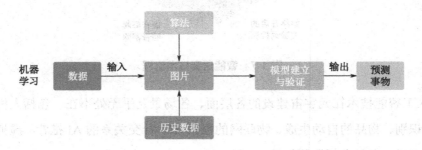

图 1-5　机器学习运作流程

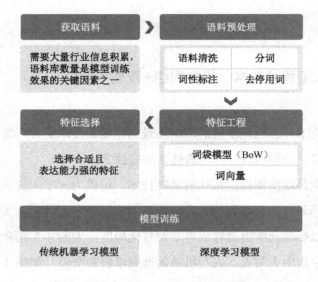

图 1-6　自然语言处理技术处理流程

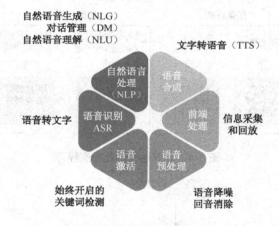

图 1-7　智能语音技术流程

　　人工智能技术在元宇宙建设的各层面、各场景几乎无处不在，包括人机交互的 AI 识别、物品的自动生成、物联网的数据 AI、社交关系的 AI 推荐、虚拟场景的 AI 建设、各种分析预测等。

　　在内容生产方面，为实现元宇宙与现实世界的高度同步，人工智能技术的进步有望提升内容生产效率。另外，目前的 UGC（用户生产内容）创作领域编程门槛过高，优质作品爆发性增长，而人工智能技术的突破，可以降低创作门槛，推动智能创作的实现。

1.2.6 物联网技术：拓展元宇宙覆盖边界

物联网技术指的是将无处不在的终端设备，包括内在传感器、移动终端、工业系统、家庭智能设施、视频监控等，通过各种无线或有线的长距离或短距离连接实现互联互通，实现对万物高效、安全、环保的管、控、营一体化。

物联网技术既承担了现实世界的数据采集与处理职能，也承担了元宇宙虚实共生的职能，甚至可以实现在虚拟世界中管理现实世界。只有真正做到了万物互联，虚实共生才有可能。例如，通过数字孪生技术将现实世界的场景迁移到虚拟世界，而万物互联的实现可以实时、精准地为虚拟世界提供鲜活数据，从而让虚拟世界里的人们足不出户就可以洞察世界。

5G 的普及为物联网的发展奠定了网络基础，但电池技术、传感器技术及边缘计算技术等方面的瓶颈仍然制约着万物互联的实现。随着这些创新技术的发展，未来值得我们期待。

1.3 元宇宙催生经济发展新蓝海

作为数字经济发展高级形态，元宇宙具有广泛的产业内涵与社会意义，颇受各界关注。从政策导向和企业长远发展来看，元宇宙及其相关产业具备很大机会，那些有相关产业基础并注重赋能实体经济的企业，将在这一新风口获得更大的发展机遇。

1.3.1　拓展空间：现实商业模式向虚拟世界迁徙

　　XR 技术、社交网络、数字货币等概念的兴起，昭示着人类社会正在向虚拟世界进化。元宇宙正在以某种方式，帮助人类实现"长生不老"的可能。想象一下，在未来可能会出现这样的场景：一个人去世了，但是他的社交账号还可以在 AI 技术的帮助下继续运营，AI 技术会模仿这个人的性格和情感偏好发布信息，除了他身边的熟人，其他人可能很多年都无法发现他已经去世。

　　这只是人类社会向虚拟世界进化的一个缩影。随着虚拟世界的发展，人类的衣食住行、经济活动、精神体验、物质体验，最终都会迁徙到虚拟世界，直至建成一个新世界。例如，人们在某个 10 亿用户级别的游戏中创造了有关人类衣食住行的一切，包括银行、交易所，甚至还发行了虚拟货币，而这种虚拟货币可以在现实世界流通，那这个游戏就相当于一个新世界，而且这个世界是与现实世界相通的。

　　现在人类社会已经有向虚拟世界迁徙的趋势了，且这种趋势愈发明显。例如，快手成立近 11 年，拼多多成立近 7 年，抖音成立近 6 年，它们都迅速获得了亿级的用户量，并且在这几家平台构造的虚拟社交网络中，商业贸易的周转速度比现实世界还要快。

　　随着 5G、XR 等技术的崛起，人类可能会进一步向虚拟世界迁徙。在未来，也许我们戴着 XR 眼镜，足不出户就能游览全世界的景点，而且不用担心舟车劳顿、水土不服，更没有人挤人和语言不通的烦恼，我们只需专注眼前的风景。在虚拟世界中没有任何影响体验的因素，因此，我们能获得比实地游览还要好的体验。

1.3.2 孕育商机：虚拟世界催生新商业模式

元宇宙已经渗透进我们生活的方方面面，不仅限于社交和游戏领域，在其他的生活体验中，元宇宙也对其产生了深刻影响。新型冠状病毒肺炎疫情的爆发更是加速了元宇宙对人类生活的影响，其中，最明显的体现是对各大企业的赋能。元宇宙通过以下 3 种途径让企业迎来了新的发展。

1. 新空间

元宇宙的出现为企业的业务发展提供了新空间，让人们即使足不出户也可以进行业务往来和商业谈判。例如，苏富比拍卖行推出了线上交易市场，用户可以在上面浏览并购买艺术品。强大的创新和适应能力让苏富比并没有受到疫情的影响，大量新买家涌入，让苏富比的在线销售和私洽销售成绩都非常亮眼。

线上市场虽然为企业的商业发展提供了很多实际的好处，但企业想要立刻推广线上市场，也是比较困难的。业务的拓展离不开稳固的客户基础，企业应当根据客户对元宇宙的了解程度，在元宇宙中构建自己的业务链，稳步构建企业业务发展的新空间。

2. 新货币

如何在现实世界的商业运营环境与元宇宙之间架设桥梁，答案是推出虚拟货币。虚拟货币使企业能够在一个崭新的平台上完成交易，如果现实世界的企业想要将其业务模式迁移到元宇宙当中，就要建立一个以虚拟货币为基础的商业模式。例如，除了线上交易平台，苏富比还在 Decentraland 中开设了一个 NFT 画廊，用户可以使用 Decentraland 中的虚拟货币 MANA 进行交易，并且交易方式不受平台限制，用户可自行决定。

3. 协作办公

除了带来新利润外，元宇宙也带来了新办公模式。例如，在疫情防控期间，许多公司利用远程协作软件推进工作，人们在虚拟会议室开会，在线上完成同步和协作，实现了异地联动。

Meta（原 Facebook）和 Zoom 联合发布了 Horizon Workrooms，它是一种逼真的虚拟办公环境，可以在 Oculus VR 头盔上运行，用户可以和工作伙伴共享屏幕，共同在白板上写字、绘画，使用立体声沟通，进一步还原真实的对话场景。

未来，通过不断赋能企业，元宇宙将会与现实世界进行更全面的融合。下面介绍几个可能出现的商机。

1. 数字资产

由于 NFT 的引入，数字资产的品类日渐丰富，例如 CryptoKitties、CryptoPunk、BAYC 等都是火爆的 NFT 项目。数字资产的丰富也带动了 NFT 艺术产业的繁荣，例如 NFT 艺术品画廊模式，著名的元宇宙画廊有 the Pure Gold Gallery、Panda Gallery、BCA gallery 等。

2. 建筑

虚拟地块投资是当下投资者们热议的话题，上百万元甚至上千万元的成交记录一度惹人侧目，由此也催生出了一个新的行业——元宇宙建筑设计。有些投资者拥有很多虚拟土地，却没有时间和精力建造和经营它们，因此，MetaEstate、Voxel Architects 等第三方建筑服务商便诞生了。Cryptovoxels 平台 Origin City 上访问量最高的几个建筑均出自 Voxel Architects 公司之手，获得了很多用户好评。

3. 地产租赁

除了建筑设计外，虚拟地产租赁的热度也居高不下。很多人持有多块虚拟土地，并不是为了买卖，而是作为长期投资。他们将闲置的虚拟土地租给想建设或运营的人，由此一个原生的元宇宙土地租赁市场便产生了。

4. 销售服装

目前，服装电商销售也正在向 3D 方向发展，许多品牌都把 2D 的图文介绍变成了直播试穿。不过，看别人试穿和自己亲自试穿还是有区别的，衣服的颜色、尺码、款式必须消费者亲自试穿才能确定是否合适。而在元宇宙中，通过 3D 扫描，人们就可以将服饰穿在虚拟的自己身上了，大大提升了服装销售行业的消费体验。

5. 游戏广告植入

游戏是元宇宙中最先发展且最有利可图的领域。随着元宇宙概念的普及，一些高人气游戏平台的用户会越来越多，而最终的元宇宙平台或许会成为规模最庞大的游戏。届时，品牌商们在游戏中植入广告的业务可能会超过电影与电视的业务总和，由此也会诞生一些元宇宙广告服务商，专为品牌定制元宇宙广告方案。

在元宇宙时代，仅靠产品定义企业价值、招揽客户的商业模式早已过时。在元宇宙中，人们的注意力更容易被分散，这就要求企业提供更优质的产品或服务吸引客户的注意力。除此之外，企业还要找到专供元宇宙的商业解决方案，从元宇宙的原生产品中，找到新的发展机遇。

第2章

影视娱乐+元宇宙：影视综艺制作迈入新纪元

受全球新型冠状病毒肺炎疫情的影响，许多线下音乐节、演唱会、展会被迫取消，线下娱乐产业受到了冲击，而线上娱乐产业迎来了发展。虚拟演出、虚拟综艺、虚拟演员等走进人们的视野，实现了个人娱乐更极致的体验，也给娱乐行业带来了新的变革。

2.1 元宇宙变革影视制作新模式

在文娱领域，元宇宙的影响力已经在慢慢渗透，出现了各种影视制作新模式。一方面，元宇宙的超前概念给影视创作带来了更丰富的素材，更多畅想未来的科幻作品涌现。另一方面，高沉浸、低延迟的交互体验，将为观影效果带来质的飞跃，观众深恶痛绝的抠图、背景版、特效出戏等问题有望得到解决。

无论是题材，还是交互体验，元宇宙的出现，将从多方面为内容赋能，为影视制作带来意想不到的惊喜。

2.1.1　虚拟场景代替真实场景，将影视制作带到云端

长久以来，影视行业一直将影视工业化作为发展的目标，而要想真正实现影视工业化，就离不开先进工具的使用和制作流程的优化。在这种背景下，虚拟制作应运而生。

2021 年 11 月，爱奇艺基于 LED 屏的虚拟制作技术将热播自制剧《风起洛阳》中的重要场景"不良井"进行了高度数字化扫描，搭建了一个拟真的虚拟场景，如图 2-1 所示。

图 2-1　虚拟场景"不良井"

随后，爱奇艺以"不良井"为场景，拍摄了 4K 影视级虚拟制作测试片《不良井之风云再起》，并为虚拟偶像小茉莉拍摄了 4K MV《心念》。在拍摄过程中，基于 LED 屏幕存在的虚拟场景"不良井"能够根据场景需要随时变幻出不同风貌。同时，虚拟拍摄总控软件 XWonder 能够实现 AR 场景叠加，从而突破屏幕大小的限制。此外，多机位同时拍摄也能够满足影视级拍摄的需要。这样的制作方式能够让创作者实现"所见即所得"，创作出更优质的内容。

虚拟场景的搭建除了能够实现更优质的影视作品效果外，还具有一次搭建、

永久使用的特性，为企业创造更多收益。除了能够实现影视作品、MV 的拍摄外，虚拟场景还可以同时应用到云演出、游戏、剧本杀等更多作品的制作中，为企业创造丰富回报的新模式。

虚拟场景替代真实场景是未来影视制作的发展方向之一。它不仅可以提高影视制作场景的丰富性，带给观众更新奇的体验，还可以提高影视制作的效率和质量，让影视内容更具想象力。此外，从长期盈利角度来看，虽然搭建虚拟场景前期需要投入较高成本，但由于其可以实现复用，相关设备的边际成本会越来越低，随之带来的效益也会越来越高。未来，虚拟制作或将成为企业制作影视作品的标配。

2.1.2　虚拟演员代替真人演员，打破时空限制

随着时代的发展，技术变革推动着影视制作的不断革新。元宇宙与影视制作的不断结合，不仅改变了观影方式和体验，还推动了演员与表演形式的革新。

电影、电视出现后，真人影像开始盛行，演员从舞台真人表演转向影像化、虚拟化，但这一时期的演员虚拟化还只停留在机械录制层面，而不是虚拟演员参与创作上。随着元宇宙概念的出现，元宇宙的原住民——虚拟数字人开始走入人们的视野，由此，打破时空限制的虚拟演员也开始出现。

2022 年 1 月，优酷动漫、两点十分动漫、阿里文学联合出品的 3D 古风动画《诸天纪》正式在优酷开播。开播当天，动画在优酷站内热搜指数不断上涨，甚至超越知名动漫《火影忍者》，登上"独播动漫热度榜"第一位。同时，在"动漫热度榜""国漫热度榜"等榜单中，《诸天纪》也位列第二，获得了不小的关注。

而在《诸天纪》开播不久之后，其女主秋月华就正式官宣出道，开通了自己的官方账号，并开始发布短视频作品，以虚拟演员的身份进行营业，如图 2-2 所示。

虚拟演员的产生并不是新鲜事。2021 年 5 月，国创科幻动漫《灵笼》第一季

走向完结，在动画中吸引了大批粉丝的女主冉冰却并未就此消失在大众视线中，而是摇身一变，以虚拟演员弈心的身份成功出道，如图 2-3 所示。

图 2-2 秋月华

图 2-3 弈心

《灵笼》的主创方动画制作公司艺画开天表示，动画中的冉冰虽死，但她会以新身份弈心时常与大家见面，未来将会以虚拟演员的身份推出更多优秀的影视作品。

虚拟演员的出现解决了影视制作的时空问题，一些现实不存在的人物和角色不再需要通过"真人演员扮演+特效"的形式呈现。虚拟演员更容易达到表演要求，甚至能展现更高难度的表演，使得影视剧还原度更高、事故率更低，让观众更容易沉浸在剧情中。

除此之外，虚拟演员还能和真人演员共创，从而给观众带来更新奇的观看体验。例如，在"2022 冬奥冰雪主题虚拟交互音乐嘉年华——集光之夜"上，多位明星艺人与艾露露、冰糖 IO 等虚拟艺人同台演出。随着真人演员的表演，身后的屏幕中不断有动画特效出现，与演员完美配合。该演出甚至还催生出了一个新职位，即虚拟导播。

我们生活在一个日渐虚拟化的世界，虚拟与现实的界限在逐渐消失。在媒介融合的大环境下，虚拟技术将会进一步改变传统单一的表演形式，取而代之的是更加虚拟、更加奇幻的表演。大众的观影体验不再受时间、空间的限制，虚拟演员与真人演员共聚一堂，为观众带来更具冲击力的视听盛宴。

2.1.3　VR 头显助力，打造 3D 沉浸式观影体验

相信大家都曾有过这样的体验：在电影院观影时总是会被大声喊叫的小孩子、窃窃私语的情侣、踢椅子的后排看客打扰，而无法沉浸到剧情中。那么如何才能获得"与世隔绝"的观影体验呢？一个 VR 头显设备就可以带我们进入 3D 沉浸式观影体验。

近几年，元宇宙概念的火爆带动了 VR 头显设备的发展。有了 VR 头显设备，不仅可以足不出户在家观看 3D 电影，还可以真正获得"与世隔绝"的观影效果。

2021 年，玩出梦想集团推出了一款 VR 一体机 YVR，它是国内少数对标 Quest

系列的 VR 产品。在硬件方面，90Hz 高清显示屏、高通 XR2 芯片、4K 级高清 LCD 液晶屏，让用户可以获得更精准、更流畅、更真实的游戏体验及巨幕级观影感受。在交互性方面，YVR 的六自由度交互方式、YOS 操作系统、 VSLAM 技术，让用户可以实现更舒适、更自由的虚拟世界交互体验。

在内容生态方面，玩出梦想集团在平台上推出了两款沉浸式游戏，还将与 Steam VR 等平台共享游戏内容，全面构建内容生态。其中，YVR 已经与游戏引擎服务商 Unity 达成了深度合作，将研发和引进更多游戏。

虚拟现实技术被誉为"打开元宇宙之门的钥匙"，而影视娱乐行业也是最先拿到这把钥匙的领域。有了 VR 头显的助力，家庭影院的体验将被进一步优化。而这也给了影视制作新的灵感，未来可能会有更多对标 VR 头显的高沉浸、高互动性的产品出现，让人们在家就能获得比在电影院还要优质的观影体验。

2.1.4　自由交互，元宇宙语境下的未来电影

随着 AR 和 VR 技术的迅速发展，以及受新型冠状病毒肺炎疫情的影响，电影院很难持续营业，观众数量也在减少。越来越多的影视爱好者开始选择在家看电视，或者通过头显设备在家观看影片。

那么，在元宇宙语境下的未来电影是什么样的。随着虚拟现实及增强现实技术的发展，人们体验元宇宙的方式将无限接近于体验现实的方式，观影体验也不例外。在元宇宙中，人们可以在三维空间中观看电影或电视节目，甚至可以和影视内容自由交互。这是一种非常不同的体验，它会成为视觉及听觉的补充，让人们不仅可以看电影，还可以"摸"电影、"闻"电影。

在这方面，UME 影城已经率先做出了尝试。2021 年 10 月，UME 影城宣布将携手线下交互游戏品牌 umeplay 在上海打造我国第一家"全感知沉浸式影院"。UME 电影集团董事长苏佳表示，全感知沉浸式影院将通过真实、虚拟、电影三层

空间的融合叠加，带给观众更加沉浸的感官体验。同时，他还表示，在未来，观众不仅可以沉浸式欣赏电影，还可以成为电影的主角，在虚拟电影世界中以主角视角体验一部电影。

这体现了元宇宙语境下未来电影的转变，即电影会提供多样的沉浸式互动内容，而观众也不再只是置身事外的被动观影，而是可以参与到电影中，与电影进行互动，更具有主动性。

虚拟现实技术让我们得以窥见元宇宙未来交互功能，也让我们对未来的影视体验充满了期待。未来，在虚拟演出、展览中，观众能体验更多具有互动性、可玩性、真实性的虚拟内容。

2.2　多娱乐模式融入元宇宙元素

随着元宇宙对影视娱乐行业的不断赋能，催生出了许多新的娱乐模式，包括虚拟偶像、虚拟综艺、虚拟音乐平台等，为广大观众带来了更多新奇、震撼的视听体验。

2.2.1　虚拟偶像爆发，多元节目频频出圈

元宇宙是一个开放、复杂、巨大的系统。在这个系统里面，不仅有虚拟的场景，还有原生居民——虚拟数字人。在影视娱乐领域，虚拟偶像是虚拟数字人的主要应用。从二维平面开始，虚拟偶像就已经被大众广泛知晓，在元宇宙概念兴起之后更是频频出圈。

虚拟偶像与元宇宙有着天然的适配度，例如，一夜爆红的虚拟美妆博主柳夜熙，通过"元宇宙+虚拟偶像+美妆"标签，上线 3 天涨粉 230 万，首发视频收获

了 250 万个点赞。抖音上关于柳夜熙的"当美妆遇上元宇宙"话题更是有 1.8 亿次播放量，让虚拟偶像获得了空前的热度。

无独有偶，2021 年春节联欢晚会，洛天依登上央视舞台，与真人明星并肩合唱《听我说》，由此进入主流大众的视野。

艾媒咨询的《2021 中国虚拟偶像行业发展及网民调查研究报告》的数据指出："2020 年，中国虚拟偶像核心产业规模为 34.6 亿元，同比增长 70.3%。另一方面，随着虚拟偶像的商业价值被不断发掘，越来越多的产业与虚拟偶像联系在一起，带动产业规模 645.6 亿元。"洛天依等虚拟偶像在淘宝直播的坑位费甚至超过了李佳琦等一线主播，只 2020 年上半年，B 站就有 4000 多位虚拟主播开播。

在元宇宙大热的趋势带动下，虚拟偶像频频出圈，相关商业价值正不断被发掘。如今，虚拟偶像不再只出现在舞台表演中，他们在电商平台带货、组建偶像团体，举办演唱会，参加综艺节目，涉足电商直播、广告代言、综艺节目、网络游戏等多领域。例如，爱奇艺举办虚拟人物选秀节目《跨次元新星》；网易推出《阴阳师》"平安京偶像计划"；爱奇艺推出虚拟偶像团体 RiCH BOOM，他们还参加《青春有你》等节目；乐华娱乐推出虚拟偶像团体"A-SOUL"。虚拟偶像已经逐渐融入人们的日常生活，并在人们的娱乐生活中占据一席之地。

2021 年 10 月，国家广播电视总局发布的《广播电视和网络视听"十四五"科技发展规划》表示："将推动虚拟主播、动画手语广泛应用于新闻播报、天气预报、综艺科教等节目，以创新节目形态，提高制播效率和智能化水平。"

目前，洛天依、初音未来等知名度高的虚拟偶像身价已经接近一线明星，商业代言费用甚至能达到几十万、几百万元，商业价值非常高。例如，洛天依诞生至今，已经与超过十家品牌达成合作。她还曾与李佳琦共同直播，收获了极高的关注度。

不只是国内，国外市场对虚拟偶像产业也十分看好。2016 年，Lil Miquela 入驻 Instagram，它在主页中介绍自己是"19-year-old Robot living in LA"（生活在洛杉矶的 19 岁机器人）。Lil Miquela 在社交软件中分享穿搭技巧、美食和音乐作品，活跃于时尚、音乐等领域。她是一位歌手，发行了自己的单曲——*Not Mine*。她还是一位模特，参加各种时尚活动，与各路明星、网红合照。

虚拟偶像拥有不输真人明星的稳定输出能力，他们"永远不塌房"，而且持续性、可塑性、可控性、性价比都比真人偶像高。《2060》中虚拟偶像星瞳的制作人罗天曾这样描述虚拟偶像："未来也许我还会学习更多不一样的舞种，但毕竟我的个人能力有限，而星瞳不是，她是超越所有人的存在。总有一天，我会老到跳不动，会离开这个世界，但星瞳可以一直跳下去。"

因此，从收益和成本角度考虑，虚拟偶像有更强大的变现能力，可以实现一次投入、持续产出。但想要持续产出价值，还需要进一步完善虚拟偶像的人设。

虚拟偶像人设如何持续吸引粉丝，是一个涉及群体心理、社会伦理、产品营销等方面的问题。目前，众多节目打造出来的虚拟偶像，有更强的商品属性，但依然无法成为第二个洛天依，所以它们需要时间沉淀，不断丰满人设。如果虚拟偶像展现出的内容一成不变，观众自然会厌倦。因此，它们也需要像真人偶像一样感受生活中的酸甜苦辣，有着自己的喜怒哀乐，从而引起粉丝的共情。

也许，现阶段虚拟偶像不能替代真人，但随着元宇宙的发展，虚拟偶像人设不断丰满，虚拟偶像与真人偶像互补、共存的趋势会越来越明显，从而促使更多元的节目形式出现在大众视野里。

2.2.2　虚拟综艺《2060》：全息投影+AR 直播

2021 年，虚拟数字人产业驶入了发展快车道，由此也出现了许多新的应用形式，甚至在影视娱乐领域，出现了以虚拟偶像为主角的综艺节目。

2021 年 10 月，江苏卫视原创动漫形象舞台竞演节目《2060》开播。节目以"虚拟生命"这一创新题材为主题，聚焦国产原创动漫的创作故事和文化，利用全息投影、线上 AR 直播、虚拟直播还原真实、震撼的视听效果，开启了综艺节目的全新赛道。

作为一档新型综艺节目，《2060》首播就引起了人们的广泛关注。收视率在同时段排名第二，收视份额排名第一，全网热搜 100+，阅读量超过 11 亿次，而且还收获了来自主流媒体"助力国产原创动漫的文化探索与实力自信"的肯定。

《2060》获得这样的好成绩，离不开其新颖的题材和虚拟化的表现形式。26 位风格迥异、颠覆传统的 V-life（虚拟生命）在节目中亮相，这其中包括身着旗袍、手拿毛笔的中国风少女"无限少女"；画风可爱搞怪、妙语连珠的"电视鸡"（如图 2-4 所示）；双重形象无缝切换的"孟姜"；身着迷彩、英姿飒爽的女战士"凛歧"等。《2060》不仅让人们看到了国产原创动漫的实力，更激发了人们对元宇宙无尽的想象力。

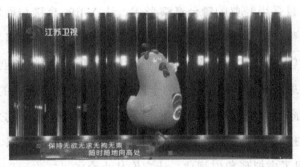

图 2-4 "电视鸡"

在技术实现上，创作者们运用各种专业软件，塑造 V-life 的外形、声音、动作的每个细节，制作出高度拟真的虚拟形象，嘉宾与 V-life 可以在节目现场无障碍交流。

在内容创作上，V-life 的设计并非天马行空，许多灵感和创意来源于日常生活和个人经历，是现实的写照和延伸。例如，"点赞仙"利用"点赞"收集能量，为大家实现梦想；"浓密仙"则是对当下年轻人脱发问题的诙谐调侃，如图 2-5 所示。

图 2-5　"点赞仙"和"浓密仙"

在呈现形式上，《2060》以立体化的 V-life 为载体，采用经典的舞台竞演形式、生活化的故事叙述方式，拓宽了国产原创动漫的表达形式。

一方面，节目采用经典的舞台竞演形式，让 V-life 直接与现场嘉宾互动，连接虚拟与现实，带给观众全新的视觉体验，让舞台充满了科技感。

另一方面，《2060》深入挖掘创作者背后的故事。例如，在创作纪实短片中，披露了创作团队思维碰撞、创作设计的全过程。不仅介绍了庞大的创作团队体系，包括建模师、原画师、动作捕捉等职业，还介绍了 V-life 灵感的来源、版本的迭代、传统与现代技法等，加深了大众对国产原创动漫行业的认识。

《2060》实现了虚拟形象电视化，让它们从小众的"二次元"全程走入了大众视野。鲜活、逼真的 V-life，开拓了新的荧幕主体，也让更多观众了解到国产原创动漫行业的无限潜力，从而窥得了元宇宙的冰山一角。可以想象，未来会有更多像《2060》这样的节目，将虚拟技术与实体舞台相结合，让文化输出充满科技的力量。

2.2.3　虚拟音乐平台：元宇宙演唱会带来极致沉浸体验

除了虚拟偶像和综艺节目外，音乐平台也在积极布局元宇宙，不仅签约虚拟偶像进军音乐圈，还举办虚拟音乐节，打造更极致的视听体验。

近两年，受新型冠状病毒肺炎疫情的影响，许多线下音乐节、演唱会纷纷延期、取消。而随着元宇宙概念的爆红，技术改变了娱乐的呈现形式，娱乐不再局限于时间、空间，人们在家就能观看一场线上虚拟演唱会。

2021 年 12 月，中国移动咪咕公司以"音乐+冰雪+社区"玩法开启音乐元宇宙，借助裸眼 3D、AR 特效等技术，举办了第十五届音乐盛典咪咕汇，给人们呈现了一场虚拟与现实交互的视觉盛宴。

为了让线上观众拥有与线下同样的沉浸感，咪咕汇打造了全球首场"元宇宙交互时空·云演艺音乐盛典"，采用 VR、AR、MR、5G、4K 等最新的舞台呈现技术，为线上用户提供了"5G+4K 盛典视角""全景视角""VR 云同台""X 视角""冰雪·第二现场"等视角，让线上用户也能获得身临其境的观看体验。

除此之外，腾讯音乐娱乐集团也在跨年夜举办了虚拟音乐嘉年华 TMELAND。在 TMELAND 上，先锋电子音乐制作人 Anti-General，全球百大 DJ Luminn、DEXTER KING 等音乐人为观众带来了精彩的演出，呈现出了一个虚实融合的"超现实"数字时空，这也是国内"音乐元宇宙 IP"的首秀。

用户可以创建个人虚拟形象，以数字身份身临其境地观看 TMELAND 的演唱会和直播，还可以和其他"数字分身"在 QQ 音乐平台中的 TMELAND 蹦迪广场上，通过广场屏幕观看跨年演唱会的直播，一起跨年，如图 2-6 所示。

图 2-6　蹦迪广场

新型冠状病毒肺炎疫情的反复，让疫情防控常态化，这让现场演唱会的举办变得异常困难。而元宇宙演唱会既能让大规模聚集、感染病毒的风险降为 0，安全性非常高，又能让歌手和粉丝不受环境限制地尽情狂欢。

虽然，目前的技术并不能完全保证大规模交互不会导致服务器的崩溃，但不可否认的是，不断有企业投入到相关的布局和研究当中，从目前趋势来看，随着进入其中的资本和资源变多，技术的突破也只是时间问题。

2.3 商业机会：元宇宙带来娱乐新风尚

尽管距离实现终极形态的元宇宙还有一段距离，但元宇宙确实已经在改变我们与虚拟世界互动的方式。从长期趋势来看，元宇宙将重构文娱领域的想象边界，催生更多内容业态。可以说，元宇宙为文娱领域提供了一个想象空间巨大的突破口，随着技术进步，元宇宙会催生出更多的商业机会。

2.3.1 聚焦技术，以数字孪生技术打造数字替身

在元宇宙中，虚拟数字人是企业追逐的一个热点，各行各业都进行了尝试，包括唱跳俱佳的虚拟偶像、广受品牌青睐的虚拟时尚博主、为各个岗位服务的虚拟员工等。企业在虚拟数字人方面的竞争重点在于谁能做得更"真"，即谁的底层技术更好。

虚拟数字人往往因为算力不足等问题，难以保证实时互动，表现过于呆板，缺少美感。对此，企业可以从技术的角度，用数字孪生技术解决这些问题，打造出能替代真人的虚拟数字人。

2021 年 12 月，微软小冰公司发布了全新的数字孪生虚拟人技术，并联合每

日经济新闻，推出虚拟主持人，与"每经 AI 电视"一同上线。微软小冰将虚拟数字人的真实度提升到了与真人无异的程度，实现视频采编播无人化操作，让"每经 AI 电视"成为全球首个 24 小时不间断播出的视频直播产品。

令人震惊的是，在正式发布该技术之前，"每经 AI 电视"已经试运行了 70 天，由于两位虚拟主持人 N 小黑（N 小黑财经）和 N 小白（每经小白基金）与真人无异，让不少观众都以为是真人录制，直到有人发现主持人连续直播了 70 个小时，才知道了其中的玄机，如图 2-7 所示。

图 2-7 虚拟主持人 N 小黑

这两位虚拟主持人 N 小黑和 N 小白的训练数据来自 N 小黑财经和 N 小白基金的主持人，再结合微软小冰的深度神经网络渲染技术，使其面容、表情、动作的自然度、真实度大幅度提升。通过对微软小冰框架小样本学习技术，虚拟数字人的训练周期从数月缩短为一周，解决了虚拟数字人训练周期长的问题。微软小冰公司 CEO 李笛表示："在我们与合作伙伴的共同努力下，一个永不疲倦、安全可靠、稳定输出的 AI Being 时代已经到来。"

根据《虚拟数字人深度产业报告》，到 2030 年，我国虚拟人市场规模将达到 2 700 亿元。除了市场规模，还会衍生出许多相关行业，例如，未来，也许会出现专门的数字人经纪人，他们像现在的明星经纪公司一样，专门从事与虚拟数字人相关的线上推广、品牌活动等工作。

从商业解决方案层面来说，目前大多数公司将目光聚焦数字孪生虚拟人，但范围非常局限。北影世纪集团旗下数字人类人工智能科技董事长李威克曾表示："虚拟人是数字孪生很小的一部分，很多人觉得数字孪生是游戏化的东西，我们认为这是一种呈现方式，现在包含数字孪生城市等，未来第一梯队的公司不一定是现在这些企业。"

可见，数字孪生虚拟人发展是向上的趋势，而且随着技术的进步，数字孪生虚拟人在很多领域都有巨大的发展空间。企业应当把握机会，多方面展开布局。

2.3.2　聚焦节目制作，以元宇宙元素引领潮流

除了打造更真实的虚拟数字人，企业还能聚焦节目制作，引领新的文娱风潮。

2022 年，各家电视台的春节联欢晚会都融合了创新技术，升级了交互手段，为全国观众们带来了科技与文艺交融的视听盛宴。

中央电视台的春节联欢晚会，运用 LED 屏幕打造 720 度穹顶空间，使观众席与主舞台融为一体，构成一个立体演播空间，整台晚会还融合了 XR、AR、全息扫描等技术，突破时空限制，呈现了许多创意节目。其中，三星堆创意舞蹈《金面》，将三星堆最新出土的文物"青铜大面具"呈现在观众面前，演员以此为背景呈现舞蹈，让观众仿佛穿越时空，来到了千年之前，体验浪漫、奇幻的神话故事，如图 2-8 所示。

图 2-8　"青铜大面具"舞台效果

　　除此之外，江苏卫视春节联欢晚会运用了 XR 舞台虚拟场景、360 度自由视角、虚拟拍摄等技术，为观众提供了虚拟与现实无缝衔接的体验，让观众能更加沉浸到节目氛围中。其中，戏曲节目《粉墨》用创新的舞台技术还原了经典戏曲的场景，将观众带进了"真实"的戏曲世界，如图 2-9 所示。

图 2-9　戏曲节目《粉墨》

　　内容制作与开发是元宇宙的重点课题。元宇宙的边界想要无限扩展，让更多人参与其中，需要足够多的内容支撑。多元的影视节目制作便是其中的一个方向。技术与影视的结合并非近几年才出现，而是由来已久，很多电影中已经进行了 AI 换脸等尝试。相关企业可以针对这一方面发力，结合创新技术，制作出更多新奇、有趣的节目，给观众带来极致的文娱体验。

第 3 章

游戏开发+元宇宙：元宇宙游戏开启多重机遇

在游戏开发领域，元宇宙的落地深刻影响游戏的发展路径，描绘出游戏开发的新蓝图。元宇宙游戏提供一个沉浸式的开放世界，支持玩家在其中体验、创造和交易。这其中存在多样的发展机遇，游戏厂商只有抓住机遇，才能享受元宇宙发展带来的红利。

3.1 元宇宙游戏爆发，成为游戏开发新方向

2021 年以来，随着元宇宙概念的持续火热，元宇宙游戏领域迎来了爆发。一方面，一些传统游戏开始向着元宇宙游戏方向发展；另一方面，市场中推出的新型元宇宙游戏越来越多。元宇宙游戏大大激活了当前的游戏市场，为游戏开发指明了新的方向。

3.1.1 传统游戏变革，融入元宇宙元素

当前，随着元宇宙的不断发展，游戏领域的新趋势越来越明显，元宇宙游戏

将成为游戏发展的下一站。在布局元宇宙游戏方面，基于旗下经典游戏的用户优势和 IP 优势，很多老牌游戏厂商都尝试在传统游戏中融入元宇宙元素，推动传统游戏向元宇宙游戏转变。

2021 年 12 月末，网易旗下大型多人在线游戏《逆水寒》宣布将在游戏中开放更多玩法，融入元宇宙的元素。2022 年 1 月游戏更新后，《逆水寒》上线了新的开放世界地图"山海"。这是一个 2 400 平方千米的超大地图，包含了雪山、沙漠、森林等多种自然风貌，玩家可以在其中自由探索。

同时，开放世界的玩法也十分丰富，拥有多种游戏模式和游戏玩法。在这里，玩家可以和各种异兽战斗，探索各种有趣的机关，收获意想不到的奖励，甚至可以降服异兽，将其驯化为自己的坐骑。

《逆水寒》并不满足于游戏世界的拓展，其借助虚拟现实技术，试图打破虚拟世界和现实世界的界限，将游戏中的武侠世界引入未来现实世界。

此外，2022 年 3 月初，《逆水寒》公布了将于 2022 年 3 月 31 日上线的"元宇宙小区"，如图 3-1 所示。玩家可以和亲朋好友一起共住位于云端之上的虚拟社区。这给了玩家更多归属感，也补齐了游戏的社交拼图。

图 3-1　元宇宙小区

元宇宙小区主打休闲社交的概念，让玩家借此契机与游戏好友建立更深的连接。在这里，玩家可以和朋友一起去碧溪垂钓，共同寻宝，也可以变身大厨，为朋友准备一桌美味佳肴。

《逆水寒》通过以上几个方面的更新，在游戏的自由度、社交性等方面进行了优化，逐步向元宇宙靠拢。而《逆水寒》的变化也展示了传统游戏向元宇宙方向进化的趋势。未来，传统游戏将从以下 4 个方面向元宇宙游戏转化，如图 3-2 所示。

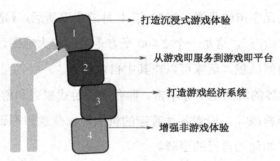

图 3-2　传统游戏向元宇宙游戏转化的 4 个方面

1. 打造沉浸式游戏体验

元宇宙能够为用户提供沉浸式游戏体验，因此在向元宇宙转化的过程中，传统游戏也需要打造沉浸式游戏体验。这意味着，传统游戏将从平面走向立体，通过引擎技术在游戏中搭建起拟真的三维虚拟世界。同时，玩家与游戏的交互也需要借助 VR、AR 等技术打破屏幕交互的局限，实现身临其境的自由交互，使玩家具有更多代入感。

2. 从游戏即服务到游戏即平台

传统游戏往往采用中心化的运行模式，游戏内容创造、数据存储等都由游戏厂商所掌控，而元宇宙依托去中心化系统运行。在这方面，传统游戏需要基于区块链技术进行变革，努力打造虚实共生的游戏生态。

一方面，游戏厂商需要将游戏内容制作权利开放给玩家。游戏厂商通过制定游戏规则、提供游戏创作工具等为玩家创作赋能，同时制定完善的激励机制，刺激玩家产出游戏内容，从而实现游戏的长期循环发展。

另一方面，游戏厂商需要将游戏的运营管理工作交给玩家。常见的就是打造去中心化的治理组织，通过发放治理奖励的方式让更多玩家参与游戏治理，通过投票的方式参与游戏的运营和建设。

通过以上两个方面的转变，传统游戏将从提供游戏的服务商转向为玩家提供工具和规则的平台方。

3. 打造游戏经济系统

元宇宙中存在完善的经济系统，用户不仅可以自由交易，还可以通过内容创作获得报酬。当前，很多传统游戏中存在一套经济系统，支持玩家在其中获得奖励并进行交易，但这种经济系统只存在于游戏内部，与现实中的经济系统并没有关联，因此不完善。

在这方面，游戏厂商需要开发统一的加密游戏通证，用 NFT 标注游戏道具、玩家创作和游戏资产的价值，并且打通游戏经济体系与现实经济体系，实现游戏资产的流通。

4. 增强非游戏体验

元宇宙提供给用户的并非只有游戏体验，而是涵盖了现实世界的各种活动。因此，在向元宇宙游戏转化的过程中，游戏厂商需要在游戏中复刻更多的线下活动，如虚拟演唱会、虚拟商店、虚拟生日派对等。这不仅能够进一步激活游戏的社交属性，还可以吸引更多的玩家体验游戏。

3.1.2 新兴元宇宙游戏发展，新产品抢占新赛道

除了传统游戏逐渐向着元宇宙游戏转化之外，市场中也出现了不少新兴的元

宇宙游戏。诸多游戏厂商开始布局元宇宙游戏新赛道，推出游戏新产品。

在国内，许多游戏厂商都在元宇宙游戏方面进行了探索，例如世纪华通推出了元宇宙游戏 *LiveTopia*；中青宝正在积极研发元宇宙游戏《慎初烧坊—酿酒大师》。

2022 年 3 月初，《互联网周刊》联合德本咨询发布的"2021 元宇宙潜力企业 TOP 50"榜单新鲜出炉。其中，腾讯、网易等知名企业都入选榜单，而在元宇宙游戏市场热度居高不下的中青宝，也凭借先发优势位列"2021 元宇宙潜力企业 TOP 50"榜单，如图 3-3 所示。

22	浙江金科汤姆猫文化产业股份有限公司	使用AR扩现技术
23	深圳中青宝互动网络股份有限公司	元宇宙游戏《酿酒大师》
24	上海宽娱数码科技有限公司	高能链、数字藏品与虚拟偶像团体

图 3-3 中青宝上榜"2021 元宇宙潜力企业 TOP 50"榜单

中青宝之所以榜上有名，与其正在研发的元宇宙游戏《慎初烧坊—酿酒大师》密切相关。

其秉承着"线上酿酒线下提酒，开启虚拟现实梦幻联动"的理念，基于在虚实共融领域的探索，打造出一个深度沉浸的、虚拟与现实相连接的酿酒世界。

游戏以百年传承的慎初烧坊为背景，以沉浸式经营玩法，玩家可以通过经营游戏中的虚拟酒厂体验古法酿酒的乐趣。玩家不仅可以体验从农田、制曲车间、白酒实验室到酿酒厂的全套酿酒过程，还可以进行个性化的包装设计。此外，酿酒完成后，玩家可以在线下酒厂获取白酒，实现了"线上酿酒+线下提酒"的融合。

在国外，知名的元宇宙游戏是 Roblox。2021 年 3 月，Roblox 率先在招股书中提到了元宇宙概念，并以此获得了资本的青睐和互联网行业的关注。相比国内的元宇宙游戏，Roblox 的运行模式更加成熟。

一方面，Roblox 是游戏领域 UGC（用户生成内容）平台的先驱，为玩家提供自由创作的虚拟空间和开发工具，玩家可以自由创作游戏。Roblox 创始人大卫·巴斯祖奇曾表示"Roblox 只是创造元宇宙的用户的'牧羊人'，我们不制作也不控制任何内容。"这样的运行模式既降低了游戏开发成本，也激发了玩家的创造性和互动性。

另一方面，Roblox 具有很强的社交属性。玩家在其中不仅可以共同创造和体验游戏，还可以举办生日派对、演唱会等。除了游戏世界外，Roblox 还为玩家提供了一个功能丰富的社交空间。

在以上两个方面的影响下，Roblox 吸引了越来越多的用户。截至 2021 年第三季度，Roblox 的 DAU（Daily Active User，日活跃用户数量）突破 4 730 万，总用户时长达到 118 亿小时。

除了 Roblox 外，国外的很多游戏厂商都将发展的目光瞄向了元宇宙游戏。例如，韩国游戏厂商 Netmarble 宣布将推出元宇宙游戏；微软收购游戏巨头动视暴雪，布局元宇宙游戏等。

总之，无论是国内，还是国外，元宇宙游戏领域都呈现火热态势。新的元宇宙游戏纷纷上线，越来越多的游戏厂商宣布自己研发元宇宙游戏的计划，试图在尚未饱和的元宇宙游戏市场中抢占竞争先机。

3.2　多应用场景，游戏与多领域融合

元宇宙与游戏的结合将开启广阔的元宇宙应用空间，而游戏不再只具有娱乐功能，还具有了社交、会议等更多功能。玩家可以在其中观看演唱会、参加工作会议或毕业典礼等。

3.2.1 游戏+演唱会:《堡垒之夜》打造沉浸式虚拟演唱会

2021 年 8 月,美国著名歌星爱莉安娜·格兰德在游戏《堡垒之夜》中举办了一系列虚拟演唱会,而玩家可以凭借 VR 设备获得沉浸式的音乐体验。为了让更多的玩家参与这次虚拟演唱会,爱莉安娜·格兰德在游戏中举办了 5 场演唱会,每场演唱会约为半小时。

在演唱会中,玩家可以以多样的虚拟化身在水面上、城堡中跳舞,还可以与爱莉安娜·格兰德的虚拟化身互动,如图 3-4 所示。同时,参与此次演唱会活动的玩家还有机会获得横幅图片、雨伞等主题道具。

图 3-4 爱莉安娜·格兰德虚拟演唱会

事实上,这并不是《堡垒之夜》首次举办虚拟演唱会。作为一款玩法多样的第三人称射击游戏,其在世界范围内吸引了海量玩家。《堡垒之夜》官方数据显示,截至 2020 年 5 月,游戏的注册人数已经突破 3.5 亿。

为了丰富玩家的游戏体验,尝试更多可能,《堡垒之夜》在 2019 年 2 月就与美国知名音乐制作人 Marshmello(棉花糖)在游戏中举办了一场电音演唱会。此次演唱会不仅为玩家带来了惊艳的表演,还打破了当时的吉尼斯世界纪录。

演唱会伊始,入场的玩家齐聚虚拟舞台,烟花漫天,头戴标志性头盔的 Marshmello 出现在舞台,为玩家带来精彩的表演。整个演唱会中,绚丽的特效、酷炫的舞台设计、沉浸式的视听感受为玩家带来了超乎想象的娱乐体验，如图 3-5 所示。这场精彩的演出最终吸引了 1 070 万人在线观看，比当时的吉尼斯世界纪录的最大规模演唱会的观众多了两倍多。

　　游戏除了给玩家提供娱乐体验之外，还可以带给玩家多样的文化体验。当前，很多玩家都将《堡垒之夜》作为日常社交的重要平台，在其中举办多样的虚拟派对。

图 3-5　Marshmello 虚拟演唱会

　　对于游戏厂商而言，在游戏中举办虚拟演唱会不仅可以提高游戏的人气，活跃更多用户，还可以借此推出多样的主题道具，挖掘虚拟演唱会的商业价值。而对于玩家而言，游戏中的虚拟演唱会打破了现实演唱会的空间界限和设计界限，能够让玩家在更奇幻的场景中体验更沉浸的现场表演。这种双赢的局面意味着游戏与演唱会在未来将有更大的发展前景。

3.2.2　游戏+工作会议：《逆水寒》中的沉浸式 AI 学术会议

　　随着 AI、虚拟现实等技术的发展及在游戏中的应用，游戏的价值被进一步发掘。除了带给玩家更丰富的内容体验外，还具有更多现实功能，支持企业在其中举行大型会议。

例如，在第二十届中国虚拟现实大会中，主办方网易另辟蹊径，在旗下游戏《逆水寒》中搭建了虚拟会场，并在其中举办了第二届国际分布式人工智能学术会议。

借助云游戏技术，参会者不必下载游戏客户端，通过网页就可以进入会议现场。同时，网易在场景中加入了 PPT 分享功能，参会者可以随时在游戏中查看 PPT、进入不同的会议场景。

在登录游戏后，参会者可以自由选择虚拟化身，并通过多样的古风服装、配饰定制自己的形象，如图 3-6 所示。同时，整个会议现场展现了浓郁的古风特色，讲台、座位、景色等都颇具古味，如图 3-7 所示。

图 3-6　《逆水寒》古风装扮的参会者

图 3-7　《逆水寒》会议现场

参会者虚拟形象和场景的设计使参会者的代入感更强，为其带来了更沉浸的会议体验。同时，在会议过程中，参会者可以自由地与其他人互动，体验沉浸式语音聊天。此外，整个会议过程都有主持人随时把控，如果发现有人在会议过程中违反规则、影响会议秩序，那么主持人可以随时把其请出会场。

在网易的精心安排下，此次会议圆满落幕。而这次充满新奇体验的沉浸式会议也引起了更多人的兴趣，一些非游戏玩家通过此次会议认识到了《逆水寒》的魅力，进而成为游戏玩家。网易在顺利举办会议的同时，也为游戏进行了一次很好的宣传，推动了游戏的破圈发展。

3.2.3 游戏+毕业典礼：浙江大学将毕业典礼搬进《我的世界》

2020 年以来，受新冠病毒性肺炎疫情的影响，线下活动受阻，越来越多的活动开始转向线上，而游戏就为线下活动的线上化提供了沉浸式、可定制的场景。受疫情的影响，许多学校的线下毕业典礼都取消了，很多学生对此深感遗憾。

这时，一些学校将目光投向游戏，尝试将毕业典礼迁移到游戏中。在国外，美国加州大学伯克利分校在沙盒游戏《我的世界》中重建了校园建筑，并成功举办了线上毕业典礼。而在国内，一些高校也展开了自己的探索。

2020 年 6 月末，浙江大学同样在《我的世界》中举办了 2020 届毕业典礼。该毕业典礼不仅以游戏元素重建了像素化的校园，还加入了多样的毕业活动，为诸多毕业学生带来了惊喜。

毕业典礼当天，参加毕业典礼的学生们纷纷登录游戏，化身为方块冒险家，来到了依据现实校园景观搭建的虚拟校园，如图 3-8 所示。在虚拟校园中，学生们可以自由探索校园角落，在路途中参与各种小游戏，体验寻宝的乐趣。虚拟校园是依据真实校园等比例还原而成的，真实复刻了学校的景观。在这里，学生们不仅可以在熟悉的道路上漫步，在阔别已久的教室中拍照，还可以与打印店老板、校园中的流浪猫有一场惊喜的偶遇。

图 3-8 虚拟校园

在毕业典礼即将开始时，学生们依次进入礼堂，准备迎接拨穗仪式。而学校的领导、老师们也以虚拟形象来到礼堂，将学生们学位帽上的帽穗从右边拨到左边，祝福学生们学业有成，如图 3-9 所示。

图 3-9 拨穗仪式

毕业典礼完成后，游戏中的场景由白天变成黑夜，浙江大学为学生们奉上了惊喜感十足的彩蛋。伴随着一束束绚丽的烟火，"毕业烟花秀"正式开场。一时之间，绚丽绽放的烟火照亮了整个虚拟校园。学生们的热情也被唤起，尽情地和同学们在其中奔跑、玩耍。

疫情之下，游戏中的虚拟毕业典礼弥补了学生无法参加线下毕业典礼的遗憾。这种尝试同样也为其他学校提供了范本。此后，中国传媒大学也将毕业典礼搬到游戏世界，南京大学的学生在《我的世界》中复刻校园美景，献礼学校校庆，进一步拓展游戏的非娱乐功能。

3.3 商业机会：企业多角度入局

元宇宙与游戏的融合发展显现出了新的商业机会。一些游戏厂商抓住机会，从游戏内容制作、游戏平台搭建等多方面进行了探索，展现了元宇宙游戏领域的细分入口。

3.3.1 开发元宇宙游戏，进入元宇宙引流新赛道

元宇宙与游戏的结合将催生新颖的元宇宙游戏，带给玩家全新的游戏体验。许多游戏厂商都聚焦这一游戏开发的新趋势，以元宇宙游戏开发入局元宇宙。

2021年8月，开放世界游戏 *DokeV*（多可比）的宣传视频于哔哩哔哩上线，吸引了用户关注。*DokeV* 是韩国知名游戏厂商 Pearl Abyss 正在研发的一款游戏，能够带给玩家丰富的游戏体验。

DokeV 讲述了玩家所扮演的孩童在鬼怪横行的开放世界中冒险的故事。在游戏中，玩家可以通过收集各种装备进行冒险，参加刺激、有趣的战斗。在探索过程中，玩家可能会遇到各种各样的 *DokeV*，玩家可通过战斗或建立友谊的方式收服它们，如图3-10所示。

在 *DokeV* 研发的过程中，游戏圈发生了不小的变化。元宇宙逐渐崛起，成为游戏开发的新方向。面对这一趋势，Pearl Abyss 在打磨游戏品质的同时，也尝试着向元宇宙游戏靠拢。

DokeV 的创作团队在采访时表示，未来将会在游戏研发过程中融入更多元宇

宙元素,给予玩家更多自主性。在 2021 年 11 月第三季度财报发布会上,Pearl Abyss
表示目前正在积极寻求合作,尝试让 *DokeV* 登录 VR 设备,从而为玩家提供富有
沉浸感的游戏体验。

图 3-10　游戏中的孩童和 DokeV

在会议上,Pearl Abyss 的 CEO 表示,游戏已经成为人们生活中的重要部分。
未来,以游戏为中心的生活方式也将不断增多,而 *DokeV* 就是公司打造的首款元
宇宙游戏。

在游戏领域,和 Pearl Abyss 类似的以元宇宙游戏抢占元宇宙先机的游戏厂商
还有很多。微软、腾讯、米哈游等都将未来发展的目光瞄向了元宇宙游戏,还有
世纪华通、中青宝等游戏厂商以元宇宙游戏实现了弯道超车。随着商机显现,元
宇宙游戏领域的竞争也日趋激烈。

3.3.2　聚焦游戏分发,打造游戏社区平台

除了打造元宇宙游戏外,游戏厂商还可以将目光转向平台层,打造元宇宙游
戏分发平台。

当前,随着 VR 游戏、开放世界游戏等的发展,相应的游戏分发平台也顺势
崛起。例如,在 VR 游戏领域,SteamVR 平台就是其中的翘楚。SteamVR 平台拥
有《巫师:黑暗时代》《半衰期:爱莉克斯》等海量广受欢迎的 VR 游戏,吸引了

大量的用户。SteamVR 官方报告显示，2020 年，平台新增 VR 用户 170 万，月活跃 VR 用户达 205 万。

在开放游戏方面，心动公司旗下游戏社区平台 TapTap 取得了不错的成绩。其上线了《原神》《幻塔》等知名开放世界游戏。其中，截至 2022 年 1 月，《原神》下载量达 2400 万次，《幻塔》下载量约 200 万次。同时，TapTap 平台也实现了用户持续增长，2021 年上半年国内月活跃用户为 2867.1 万，国外月活跃用户为 1318.3 万。其已成为开放世界游戏重要分发渠道和游戏社区。

游戏分发平台的盈利主要来源于销售分成和广告收益。一方面，平台中，上线的游戏版权被购买后，平台可以获得一定比例的销售分成。另一方面，基于平台活跃的用户数，引入广告可以为平台带来收入。

未来，随着元宇宙与游戏领域融合的加深，市场中将会出现越来越多的元宇宙游戏，而打造元宇宙游戏分发平台也将是大势所趋。因此，游戏厂商可以密切关注这一方向，尽早布局元宇宙游戏分发平台。

3.3.3　以成熟引擎技术，满足游戏厂商开发新需求

元宇宙游戏的打造离不开引擎技术的支持。从这方面来看，拥有成熟引擎技术的公司可以与游戏开发者进行合作，通过技术赋能获得发展。以 Unity 为例，作为赋能百万开发者的游戏引擎，Unity 为游戏开发者提供不断升级的引擎技术和解决方案，助力游戏开发者的创意成为现实。《原神》《永劫无间》《斗罗大陆：魂师对决》等知名游戏都是通过 Unity 引擎开发的。

从 AR/VR 游戏、云游戏到大热的元宇宙，游戏的形态会随着技术的发展发生深刻的变化，而无论什么变化都离不开引擎的技术支持。同时，Unity 也在持续进行技术升级，提供更专业的服务，满足游戏开发的新需求。

一方面，作为一个强大的跨平台开发引擎，Unity 支持游戏开发者在 28 个主

流平台进行游戏开发。最新推出的一站式跨端解决方案覆盖了后端开发、维护、运营等全开发周期，帮助游戏开发者提升效率，节省成本，实现"一次开发，多平台发布"。

另一方面，随着渲染、5G等技术的进步和元宇宙的火爆发展，玩家对于游戏沉浸感、低延迟等游戏体验提出了更高要求。在这方面，Unity 正在通过积极云化，帮助游戏开发者打造精品游戏。

Unity 推出的云端分布式算力方案可以通过高并发的云计算资源，帮助游戏开发者提高资源导入与打包、软件导出的效率，加快游戏迭代；流式资源加载方案 Auto Streaming 可以加快游戏开发者加载云端资源的速度。

基于以上优势，Unity 能够为游戏开发者提供强大的技术支持。未来，Unity 将依托自身强大的跨平台能力、实时渲染技术等优势，帮助游戏开发商实现心中的元宇宙游戏蓝图。

第 4 章

协作办公+元宇宙：打破办公时空局限

元宇宙在办公领域的落地将深刻改变了人们的工作方式。虚拟场景与现实场景的结合将创造更大的办公空间，同时实现智能的协作办公方式。当前，已经有一些科技巨头在元宇宙办公领域进行了探索，为更多企业进入这一新赛道指明了方向。

4.1 风口之下，虚拟办公成为趋势

在当前的线上办公场景中，已经融入了不少虚拟元素，如个性化的 3D 虚拟头像、可定制的视频背景等。这些都体现了元宇宙办公的雏形。在元宇宙概念的普及和技术的推动下，办公软件将在未来持续虚拟化，更多办公场景将迁移到元宇宙中。

4.1.1 虚拟化身+虚拟场景，沉浸式虚拟办公成为可能

当前，在疫情防控常态化背景下，办公场景由线下转到线上成为趋势。视频会议成为人们远程协同办公的主要方式。但是，视频会议也存在着沟通不同步、

效率低等问题，人们需要一种更具现场感、沉浸感的办公场景。

元宇宙与办公的结合使得沉浸式办公成为可能。其能够为用户提供一个自由活动的虚拟化身及功能丰富的虚拟场景，加深人们线上办公的临场感。

2021 年，一款虚拟办公软件 Gather town 吸引了很多人的关注，如图 4-1 所示。Gather town 为用户提供一个可爱的虚拟化身及 2D 虚拟办公场景。在这里，用户可以创建自己的虚拟办公室，邀请同事加入，通过视频或文字处理工作。同时，其具有办公桌、会议室、游戏区等各种分区，功能较为丰富。

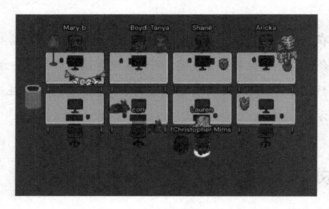

图 4-1　Gather town 办公软件画面

Gather town 可以为人们的线上办公提供哪些支持？当用户使用内建工具打造好公司的内部空间时，拥有专属密码的同事们便能加入。在 Gather town 中，同事之间可通过文字或视频沟通。而且虚拟化身靠近彼此就能开启视频通话，这使得同事间的沟通、会议的召开都非常方便。沟通完毕后众人散场，声音和画面也会随之消失，带给人们一种身临其境的感觉。

同时，Gather town 还有很多有趣功能，例如许多公司的会议室都有白板供开会、讨论使用，Gather town 里也有内建白板物件，只要与同事一起点选白板，就能在上面共同书写。此外，工作告一段落后，人们也可以在游戏区体验小游戏，在放松精神的同时联络感情。

除了 Gather town 外，还有很多软件尝试为用户提供一个沉浸式办公的虚拟空间。Spatial 支持混合现实，目前正在打造一个能让利用各种不同设备连线的用户协作的环境。用户可以在同一个空间戴上 VR 头戴式装置，或使用智能手机里的 AR App 呼唤身处远方的用户参与讨论、分享资料或数据，身处远方的用户则可以戴上 VR 头戴式装置进入虚拟空间。无论用户在哪里、使用何种设备，都可以聚在同一个虚拟空间进行协作。

当前还有很多游戏都搭建了虚拟办公空间，支持企业在其中进行团队协作、开会等，而以虚拟化身在虚拟场景中办公将成为未来办公的主流。

4.1.2　VR 协同+AR 协同，多人协作更便捷

随着元宇宙的应用、普及，VR、AR 等技术将在人们日常工作中发挥极大潜力。借助 VR，人们能够进入一个高度沉浸的虚拟办公场景，实现在虚拟场景中的协同办公。一方面，在宽阔、私密的虚拟办公室中，人们可以摒弃外部干扰，专心工作。对于经常出差的用户而言，虚拟办公室能够突破地域限制，使得用户无论在何地都可以在熟悉的虚拟办公场景中办公。

另一方面，如果需要和其他同事协同办公，用户也可以将他们邀请至虚拟办公室，获得真实的面对面办公体验。此外，线下办公中的文件传阅、集体会议、商业谈判等工作都可以在虚拟世界中实现，实现自然的虚拟协同。

同时，借助 AR，人们能够将虚拟办公场景引入现实世界，实现虚实联动。专注人机交互技术的 Rokid 公司就聚焦工作协同提出了新方案。Rokid 推出的 MSpace 提供了一个支持用户、虚拟空间、现实空间融合交互的场景，打造轻松、舒适的线上协作体验。

Rokid 推出的 MSpace 功能可以在旗下 AR 眼镜产品 Rokid Air 上使用。戴上 Rokid Air，用户便可以进入虚实结合的协作场景。同时，Rokid Air 质量不足 100

克，十分轻便。即使长期佩戴也无不适感。

在这个虚实结合的办公场景中，处于异地的用户可以通过悬浮于半空的虚拟白板办公。同时，与办公相关的诸多虚拟物体都可以出现在现实世界中。而当用户在公有属性的物体上进行各种操作时，不同人的操作都可以同步，从而实现异地协同办公。

伴随元宇宙的发展，提供更多虚拟化功能将成为办公软件发展的新方向。未来，将有更多的办公软件融入 VR 或 AR 功能，为用户提供沉浸式办公体验。

4.2 科技巨头动作不断，办公场景向元宇宙迁移

相比现实中的远程办公，虚拟办公场景显示出了更强大的功能和更好的体验，描绘了元宇宙办公的蓝图。在这一趋势下，许多科技巨头纷纷发力，推出了各种虚拟办公解决方案，助力办公场景向元宇宙迁移。

4.2.1 Meta 整合 Horizon 多款应用，虚拟办公场景扩大

科技巨头 Meta 是进军元宇宙的先锋，其在元宇宙办公领域进行了诸多探索。2012 年 8 月，Meta 推出了旗下元宇宙办公应用 Horizon Workrooms。Horizon Workrooms 支持用户以虚拟化身参加 VR 会议，最多可以支持 16 人参加 VR 会议。

Horizon Workrooms 具有丰富的智能化功能，可以为用户提供更好的虚拟会议体验。Horizon Workrooms 支持手势追踪功能和白板书写功能，这使得用户可以使用 Oculus Touch 手柄进行书写。同时，Horizon Workrooms 可以追踪罗技 K830 蓝牙键盘和 Mac 键盘，并在虚拟世界中显示正确位置，这使得用户可以在会议过程中自由记录会议要点。同时，用户也可以在虚拟世界中投影自己的电脑屏幕，实

现屏幕共享。

此外，除了支持用户在虚拟世界中协作外，Horizon Workrooms 也支持用户将会议记录、文件等分享至 Outlook 或 Google Calendar 中。

2022 年 3 月，Meta 对 Horizon Workrooms 进行了更新，推出了 1.3 版本。在新的版本中，Horizon Workrooms 引入了全新的海滩别墅、海滩露台两个海滩办公场景，将虚拟会议室转变为开放式的会议场地。

此外，此次更新还增加了击掌互动功能。这使得用户想到一个好的想法、完成一项工作时，都可以通过击掌表达心中的激动之情，如图 4-2 所示。这样的互动功能有助于用户表达情感。

图 4-2　击掌互动功能

除了元宇宙办公应用 Horizon Workrooms 外，Meta 旗下的 Horizon 系列产品还有实现多人在线沉浸式观影、活动的 *Horizon Venues*，沉浸式游戏和社交平台 Horizon Worlds 等。在采访中，Meta 表示将在未来推动 Horizon 系列产品的逐步融合，形成统一、场景更加丰富的虚拟世界。而其应用场景也不只局限于游戏、社交或办公，还将支持用户自由创作更多的应用场景。

4.2.2　HTC 推出虚拟应用套装，赋能用户协同办公

凭借在虚拟现实技术方面的优势，HTC 发布了 HTC VIVE XR Suite 系列虚拟

应用，包括 VIVE Social、VIVE Museum、VIVE Sync、VIVE Sessions、VIVE Campus 五大应用软件。其中，VIVE Social 聚焦虚拟社交，为用户提供一个不断扩展的虚拟社交世界；VIVE Museum 聚焦虚拟娱乐，支持用户在其中举办大型展览等。而 VIVE Sync、VIVE Sessions、VIVE Campus 可以为用户提供虚拟办公空间。

其中，VIVE Sync 提供一个最多可以容纳 30 人的虚拟办公空间，用户可以在其中共享演示文稿、文件或 3D 模型。同时，VIVE Sync 支持用户通过共享的虚拟白板进行协作及语音转文字实时记录。

VIVE Sessions 提供一个最多可以容纳 50 人的虚拟会场，用户可以在其中召开会议、举办展览等。此外，VIVE Sessions 具有虚拟空间录制和回放功能，同时具有丰富的内容库，包含多种特效及场景。

相比以上两个应用，VIVE Campus 提供一个更大的虚拟办公空间。VIVE Campus 提供一个包含办公室、园区、展馆的超大虚拟空间，可以容纳 2 500 人同时参与虚拟会议。

为了增强用户在虚拟世界中的沉浸感，HTC VIVE XR Suite 为用户提供一个定制化的虚拟形象，用户可以通过人脸扫描功能，使自己的虚拟形象更加真实。此外，HTC VIVE XR Suite 支持用户使用一个形象在不同的虚拟世界中无缝切换，使用户获得更加自由的虚拟体验。

目前，HTC VIVE XR Suite 已经创建了数十个虚拟办公空间，包含了住宅、办公室、自然环境等多种标签的不同地点，能够满足用户的多样化办公需求。同时，在 VIVE Campus 中举办发布会时，用户也可以在其中创建虚拟空间模型，设计展示企业 Logo 的标牌。

HTC VIVE XR Suite 中的场地建模十分精致，比例也十分准确，能够为用户提供一个拟真的虚拟办公空间，如图 4-3 所示。

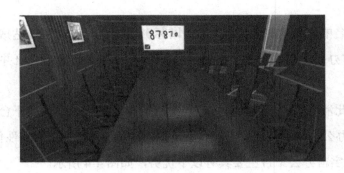

图 4-3 HTC VIVE XR Suite 中的虚拟办公空间

同时，HTC VIVE XR Suite 打造的虚拟空间也投射了现实中的物理法则。例如，虚拟场景在视觉上会呈现近大远小的效果；用户语言、物理碰撞等声音都会出现立体音效；两个人距离的远近也会影响声音的大小。

此外，在设计虚拟会议场地时，用户可以呼出菜单，对会议地点、内容、媒体、备注等进行设置。在会议过程中，用户也可以导入演示模型、播放媒体、浏览网页、做笔记、对会议进行录像等。这些丰富的功能可以满足用户在虚拟世界办公的诸多要求。

当前，HTC VIVE XR Suite 已经拥有了沉浸式远程协作办公的能力。未来，随着 VR 设备的普及，虚拟办公将常态化，HTC VIVE XR Suite 也能够发挥更大的价值。

4.2.3 花动科技新尝试，打造 ARK 元宇宙平台

2022 年 1 月，杭州花动科技有限公司（以下简称花动科技）宣布公司将进一步向元宇宙进军，让公司 200 名员工进入公司旗下 ARK 元宇宙平台办公。同时，其表示将在 2022 年撤掉公司总部大楼，将线下办公场地改造成线下团队聚会空间，供员工线下聚会时使用。该决定引起了互联网行业及投资圈的广泛关注，一些企业也就此采取了行动。

全球知名的连锁电影院品牌 CGV 国际影城抢先与花动科技达成合作，入驻 ARK 元宇宙办公平台。而对于花动科技而言，实现在元宇宙上班并不是遥不可及的。

在公布此消息之前，花动科技已经推出了 ARK 元宇宙办公平台。该平台在满足沉浸式办公需求的同时，还能够满足不同部门、不同员工的个性化工作方式。

ARK 元宇宙办公平台主要具有以下优势，如图 4-4 所示。

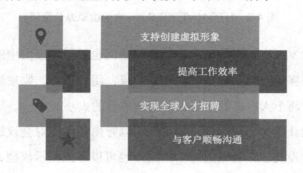

图 4-4　ARK 元宇宙办公平台的优势

1. 支持创建虚拟形象

当前，花动科技 200 名员工正在逐渐入驻 ARK 元宇宙平台，在虚拟空间工作。员工可以在平台创建自己的虚拟形象，并在虚拟空间中与同事互动，如图 4-5 所示。

图 4-5　ARK 元宇宙平台中的虚拟形象

平台具有音视频及文字对话功能，使得同事之间的沟通如同线下日常互动一样自然。此外，3D 版的虚拟形象还具有动作、表情、声音模拟等功能，使沟通更具趣味性。

2．提高工作效率

工作场地由线下转到 ARK 元宇宙办公平台上之后，员工可以实现登录即上班，减少线下通勤所花的时间。同时，只要将自己的虚拟形象靠近同事，就可以自动加入工作小组，实现"面对面"交流。此外，在会议过程中，员工也可以通过虚拟黑板表达自己的想法，共享自己电脑中的 PPT、文件等，在会议结束时，还可以将会议文件导出。这些都可以从多方面提高员工的工作效率。

3．实现全球人才招聘

借助 ARK 元宇宙办公平台，企业可以在世界范围内招聘人才。花动科技就曾于 2021 年 12 月举办了一场元宇宙招聘会，在一周时间收到了来自全球知名高校的一百多份简历。

而在 ARK 元宇宙平台打造的虚拟世界中，招聘变得更加简单。全球范围内的人才都可以通过 ARK 元宇宙平台进入花动科技的虚拟总部大楼，并参观这里的虚拟办公环境、与面试官进行自由沟通。

4．与客户顺畅沟通

在业务拓展方面，ARK 元宇宙平台可以提供一个良好的办公场景用于接待重要客户。员工与客户可以相聚于沉浸式虚拟会议室，以虚拟形象进行实时沟通交流，同时可以通过悬浮共享屏幕自然地展示文件。此外，存在于虚拟世界的会见方式也避免了天气、地域等现实因素对于企业活动的影响，大大提高了商务接洽的效率。

4.3 商业机会：聚焦虚拟办公需求，提出新方案

在元宇宙浪潮下，新的商业机会应运而生。办公领域拥有广泛的用户基础，但用户也提出了更高的虚拟办公需求。在这方面，企业可以以不同用户的办公需求为出发点，提出不同的解决方案。

4.3.1 瞄准日常办公，为企业打造虚拟办公场地

未来，元宇宙将如何变革我们的生活？或许有一天，当前的工作模式将被颠覆，人们可以获得新奇、便捷的办公体验。

未来的办公场景可能是这样的：早上 8 点，你在闹钟声中醒来，开始慢悠悠地起床、洗漱、做早餐、吃早餐。9 点，你来到书房，借助 VR 设备进入建在元宇宙中的虚拟公司上班。你身边聚集着来自世界各地的同事，彼此之间可以自由地以虚拟化身沟通、互动。10 点，你接到来自大洋彼岸的会议邀请，点击进入之后就会瞬间来到一个虚拟的会议室，在逼真的场景中参加会议。12 点，你关闭 VR 设备，退出虚拟世界，开始享受自由的午休时间。

这样科幻的场景离我们并不遥远。当前已经有一些公司做出了前瞻性的探索，瞄准日常办公，提供企业级的虚拟办公方案。

2021 年年末，韩国游戏公司 Com2uS 公布了其开发的元宇宙平台 Com2Verse 和预告片，展示了人们如何在虚拟世界中工作，如图 4-6 所示。

Com2uS 公司表示将在 2022 年下半年让 2 500 名员工入驻 Com2Verse，让员工在元宇宙中工作和生活。Com2Verse 将现实生活中的多场景迁移到虚拟世界，力求为员工提供多元的工作和生活体验。

图 4-6　Com2Verse 打造的虚拟世界

该平台分为 4 个区域，其中包括提供虚拟办公空间的 Office World（办公世界）；提供金融、教育、流通等服务的 Commercial World（商业世界）；提供游戏、电影、表演等服务的 Theme Park World（主题乐园世界）；提供日常沟通服务的 Community World（社区世界）。Com2uS 公司通过一则短片展示了用户将如何在元宇宙中度过一天。

在 Com2Verse 世界中，用户像在现实世界中一样打卡、坐电梯、来到自己的工位上。坐在工位上后，用户眼前的屏幕中会弹出天气、日历、文件夹、待办事项等悬浮窗，引导用户开展工作。用户还可以给桌子上的绿植浇水。

在交互方面，Com2Verse 设计了多样的交互模式。在接到私聊请求后，用户可以离开工位找到私聊对象，以语音视频的形式和其沟通。在工作会议中，参会者眼前会出现清晰的会议画面，还可以适时地发言。

除了可以在 Com2Verse 便捷地开展工作外，用户还可以探索虚拟世界的其他区域，在工作之余享受休闲生活。此外，用户可以通过其活动和表现获得奖励。这体现了 Com2uS 公司布局完善元宇宙的野心：Com2uS 公司计划在虚拟世界中引入经济循环体系，助力元宇宙的完善运行。

除了逐步将旗下公司的员工引入元宇宙外，Com2uS 公司还致力于为更多企业打造虚拟办公场地。其将在未来和各行业的企业签约，邀请更多企业入驻平台。

在帮助更多企业实现元宇宙办公的同时，Com2uS 公司也可以凭借更多人的参与打造出集休闲、办公、经济于一体的元宇宙都市，从而实现各企业与平台的共同发展。

4.3.2 瞄准会议活动，为企业提供整体活动方案

除了助力企业实现线下到元宇宙的迁移外，还有一些企业聚焦会议活动，提供完善的虚拟会议解决方案。

2021 年 8 月，第十六届国际生物矿化研讨会在网易伏羲实验室旗下沉浸式活动系统"瑶台"打造的虚拟世界中举办，如图 4-7 所示。这并不是伏羲实验室第一次将学术会议迁移到虚拟场景中。2020 年，伏羲实验室就将第二届国际分布式人工智能学术会议迁移到了游戏《逆水寒》中。但相比之前，此次会议依托升级后的瑶台系统举行，进一步增强了会议的真实感和沉浸感。

图 4-7　虚拟会议现场

首先，"瑶台"系统支持依据不同需求打造不同风格的活动场地，并且可以高精度复刻真实会议场景。为了体会参加会议的真实感，参会者还可以上传照片打

造个性化的虚拟形象。依托网易伏羲实验室的 AI 智能捏脸技术，系统可以根据参会者照片高度还原对方的面部特征，同时，虚拟形象的表情、动作等也会随着参会者表情、动作的变化而变化。

其次，"瑶台"系统升级了会务功能，不仅可以实现 PPT 嵌入式播放、语音聊天、多分会场自由切换等会议功能，而且为了给予参会者自由的社交体验，虚拟化身见面时即可以开启群聊。

最后，为满足国际性活动交流需求，"瑶台"系统还融入了网易有道的实时翻译功能，来自世界各地的参会者可以在这里实现无障碍交流。

在活动类型方面，在升级版本后，"瑶台"系统可以支持古风、未来、写实等诸多活动风格，支持举办国际会议、发布会、招聘会、公司年会等大型活动，最多可以同时容纳 500 人。当前，"瑶台"系统正在积极寻求与众企业的合作，为更多企业搭建虚拟活动场所。未来，网易伏羲实验室将持续进行 AI 技术研发，以此赋能"瑶台"系统，推出更多智能功能。

4.3.3　瞄准个人办公，推出更简易的虚拟协作平台

随着办公活动虚拟化的发展，除了企业外，个人用户群体中也潜藏着巨大的商机。因此，企业也可以着眼个人用户的需求，打造海量用户可以参与的虚拟协作平台。

例如，在伏羲实验室的畅想中，"瑶台"系统除了用于大型的学术会议、新品发布会之外，还可以为个人用户赋能，支持个人办公协作、举办家庭会议等。

谈及发展规划，"瑶台"系统的负责人表示，"瑶台"系统的发展方向是逐步融入 UGC 内容，为用户提供大量素材，创建专属活动室。用户 UGC 活动室的规模可大可小，既可用于举办上千人的会议，也可以用于开展虚拟家庭会议。

此外，依托用户丰富的创意，平台中不仅有酒店、海滩等常见场景，也有月

球、海底等现实中难以见到的场景。在用户创意的释放下，平台内容将不断丰富。在这样的发展下，"瑶台"系统不仅可以为虚拟活动提供支持，甚至会在发展中演变成海量用户工作、生活的虚拟社区。

虽然从当前来看，"瑶台"系统还具有很大的发展空间，但其对未来的布局也显示出了个人办公领域的巨大潜力。未来，将会有更多的虚拟办公平台向用户开放，支持用户打造多样的办公空间。

第 5 章

教育培训+元宇宙：推动教育智慧化转型

教育智慧化改革一直是教育领域的重中之重。随着时代的发展，传统教育越来越无法满足当代老师和学生的教育需求。尤其是近两年受新冠肺炎疫情的影响，老师居家备课，学生居家上课已经是一种常态。在这种情形下，推动教育智慧化转型刻不容缓。而作为互联网前沿平台的元宇宙，可以进一步提升教育质量和深度，推动教学系统结构和形态变革，逐步实现教育智慧化转型。

5.1 课堂教学：虚拟老师+虚拟教学场景

虚拟老师和虚拟教学场景是虚拟现实互动教学系统所要解决的核心问题。传统的一位老师对多位学生的教学模式不能够满足每一位学生的需求。同样，传统教育中简单的投影、白板等教学工具也无法满足老师带领学生深度挖掘课堂知识的需求。而元宇宙推动教育智慧化转型是解决以上问题的最佳方案。

5.1.1 虚拟老师走进课堂，解锁个性化教学新模式

传统的教学模式下，老师无法对班级内的全部学生投入同等多的精力和时间，

同样也无法针对每位学生的不同特点进行个性化教学。传统的教学总是千篇一律的风格，这样的教学效率不高，针对性也不强，学生也提不起学习的兴趣。而在元宇宙中，虚拟老师的出现则改变了这一局面。

在理想设定上，虚拟老师是一位全自动化的老师，可利用 AI 技术模拟真实老师的行为举止。例如，Whizz Education 研发的虚拟老师 Maths-Whiz，其主要作用是帮助学生学习数学。Maths-Whiz 首先根据日常数学测试反馈，判断不同学生在数学学习方面的不同水准，并将其量化，然后进行针对性授课，并且能够基于学生的反馈，调整授课进度和速度，优化授课形式。

一年之后，每周接受虚拟老师一小时辅导的学生相比于未接受虚拟老师辅导的学生，数学学习的平均进度要快 18 个月。虚拟老师 Maths-Whiz 显著提高了学生的学习效率和学习兴趣。

当然，目前的技术手段还不足以研发出能够完全取代真实老师的 AI 老师。另外，虽然虚拟老师能够承担现实中老师的部分作用，但无论多高明的算法都无法完全复制人的特性。因此现阶段，虚拟老师通常在教学中担任辅助角色。

但在不久的将来，虚拟老师的功能将会更加完善，届时虚拟老师将在教学任务中担任主导角色，解锁个性化教学新模式。

5.1.2　虚拟教学场景融入教学活动，让书本知识"活"起来

现代科技发展日新月异，人们的生活也越来越离不开网络，很多学生通过网络接触到新鲜有趣的事物后，便开始排斥原本传统的教学模式，老师在教学中渐渐无法引领学生统一地朝着既定的教学目标前进。而利用元宇宙的虚拟现实技术，将虚拟教学场景引入课堂中，使课本上的内容生动有趣，可以大大提高学生的学习兴趣。

在教学中使用的虚拟现实系统主要有三种：桌面虚拟现实系统、沉浸虚拟现

实系统、增强现实虚拟现实系统。

桌面虚拟现实系统主要用于建筑设计、CAD、系统设计等教学领域，具有成本低、易普及、好操作的优点，被称为"窗口 VR"。但缺点是沉浸感较低，很容易让人失去兴趣。

沉浸虚拟现实系统需要使用 VR 头盔及触摸传感设备，像操作 VR 游戏一样，代入感极强，具有绝佳的沉浸体验，但成本较高，所以现阶段很难在教学中普及。

增强现实虚拟现实系统又称混合现实系统，是将真实场景同虚拟场景结合起来的一种方法，如 3D 立体投影。这种方法较为直观，内容生动形象，造价较低，易于普及。

目前有不少经费充足的高校都引入了沉浸虚拟现实系统。例如在北京理工大学的思想政治理论课上，为了真切体验长征，学生戴上了 VR 头盔体验"爬雪山"。戴上 VR 头盔后，学生眼前就是陡峭的山崖，风雪的视觉冲击感很强，耳边的狂风呼啸声很大。学生们都真切地感受到了长征的不易。体验过后，很多学生都会更加珍惜如今来之不易的幸福生活。

运用 VR 虚拟现实技术等现代化手段，通过虚拟现实场景让书本"活"起来，创新了教学方式，使学生获得沉浸感和代入感，极大地激发了学生的学习兴趣。VR 虚拟现实技术是推动教学智慧化改革的工具之一，在课堂中引入虚拟现实场景是元宇宙教育发展的一个主要发展方向。

5.1.3 联想推出未来黑板 HoloBoard，助力沉浸式教学

很多人在学生时代都有这样的经历：人坐在教室里，思绪却已飞到九霄云外。如今联想将这种场景变为现实，让学生坐在教室却能遨游太空。如此科幻的场景要归功于联想最新研发的大型沉浸式未来黑板——HoloBoard。

HoloBoard 项目是由联想研究院智慧教育团队研发，并且入围国际"教育界

的奥斯卡"大奖——"重构教育奖"虚拟现实/增强现实类别的决选名单。评审团对其给予了很高的评价：未来黑板 HoloBoard 利用沉浸式虚拟现实技术，为学校在可负担的范围之内提供了可扩展的教学服务，显著提高了学生的学习兴趣和老师的教学质量。

常见的虚拟现实教学需要 VR 头盔等设备的支持，设备价格高昂，并且学生每人都要有一个，极少有学校可以负担得起。而 HoloBoard 不需要任何其他设备支持，一个教室只需要配备一块 HoloBoard，所有学生就可同时在虚拟现实的场景中学习知识，获得丰富有趣的课堂体验。

HoloBoard 通过结合镜像世界技术和全息网真技术，可以将异地老师的影像投射到虚拟空间中，再利用沉浸式投影技术将虚拟空间中的影像投射到 HoloBoard上。而且通过数字孪生技术，学生还可以将自己镜像为屏幕中的虚拟人，并与之互动，如图 5-1 所示。

图 5-1　学生与 HoloBoard 虚拟宇航员互动

此外，HoloBoard 还具有打造裸眼 3D、全息投影互动的功能。HoloBoard 能够满足教学互动要求，对每位学生都可以进行独立标记和学习状态分析。通过 VR、AR 技术将虚拟与现实情境结合起来，实现对现实世界的增强。HoloBoard 还具有触摸传感功能，可以根据按压力的不同程度构造出不同规格的 3D 模型。

HoloBoard 的核心价值就在于通过 AR、VR、数字孪生等技术让课本上的文字变成动态的情景，使整个课堂都充满活力与张力，吸引学生的兴趣，极大地提高学生在课堂中的参与度与求知欲。虽然在现阶段 HoloBoard 还存在一定不足，但在元宇宙时代，HoloBoard 将会成为学校教学的必备工具之一。

5.2 科普教育：多样的全景实操互助体验

沉浸式、全景实操这样的词语随着教育智能化改革的推进出现得越来越频繁。在科普教育中，利用 VR、AR 技术达到沉浸式互动科普效果。全景实操互助体验逼真的视听效果和全方位的感官体验也让学生更加喜欢此种类型的科普教育方式。

5.2.1 安全科普：地震、火灾皆可体验

最开始的火灾、地震安全知识科普，往往只是开一场知识讲座，利用 PPT 上的图文进行科普。后来发展为实操的形式：在一个盆中点燃一些可燃物，制造火情，消防员教学生们如何使用灭火器灭火；或者突然拉响警报，进行火灾或地震逃生演习，而学生们跑到操场也就完成了演习。在这种科普教育下，当灾难真的来临时，学生不知该如何应对。

纸上谈兵终归浅，绝知此事要躬行。元宇宙时代的安全科普通过 VR、AR 技术，真实还原火灾、地震现场（如图 5-2 所示），加之惊险刺激的求生互助情节，使体验者在体验过程中学到切实有用的逃生知识，并且在求生过程中学习到随机应变的技巧。例如，地震时需要什么物资，火灾发生时什么情况下可以跳窗逃生，什么情况必须等待救援。

邢台一所小学就通过 VR、AR 技术，进行了一次地震、火灾的逃生演练。这

次演练采用 3D 立体展示技术及人机交互的操作模式，使学生们切身体会到灾难来临时的危机感，并在逃生关键处给予一定提示，使之更好地记住逃生要点。这种全景实操互动体验的安全科普为生活在安稳环境下的孩子上了很好的一课。

图 5-2　VR 火灾体验现场

5.2.2　急救科普：真实体验现场急救场景

每年 9 月的第二个星期六是世界急救日。每到这一天，很多国家的学校都会开展急救知识技能的科普。但在我国急救知识技能普及率还不到 1%，急救知识技能科普任重道远。

如同传统的安全科普一样，传统的急救知识技能科普也是通过宣传册的方式。即使有了可实操的人体模型，真正能够得到专业指导并记住技巧的人也少之又少。而元宇宙时代的科普方式则大为不同。

元宇宙时代的急救科普利用 VR、AR 技术，为体验者带来逼真的互动场景，让体验者很快进入角色，主动去记住每一个急救要点，达到事半功倍的效果。

VR 急救系统分为 VR 心肺复苏和 VR 外伤包扎两个模块，而心肺复苏和包扎是急救中应用概率最大的两种急救方式。在心肺复苏模拟模块中，体验者主要学习如何按照正确的步骤进行胸外按压、人工呼吸，如图 5-3 所示。在外伤包扎模拟模块中，体验者主要学习如何根据伤口的位置和伤势，采用相应的包扎方法。

图5-3　利用VR系统学习人工呼吸

除了这些针对他人施救的急救科普，体验者还会学习到自救方法及大家熟知却不太会操作的海姆立克急救法。在体验过程中，系统AI还会根据体验者的表现给出适当提醒。目前，很多医院和医学院校都配备了VR急救系统，可以说元宇宙为急救科普作出了很大的贡献，推动医学事业往前迈进了一大步。

5.2.3　太空科普：全景视角漫步太空

对于宇宙，人类一直满怀憧憬。从神话中的嫦娥奔月到如今的神舟十四号，探索太空一直是人类最高级的浪漫。

那么普通人也会有探索太空、了解宇宙的机会吗？在元宇宙时代，可以对这一问题给出肯定的答案。比起枯燥的图文讲解，元宇宙VR太空舱为每一位体验者都提供了绝佳的沉浸式探索太空体验，如图5-4所示。

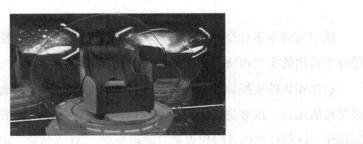

图5-4　模拟太空舱

目前很多城市都设有"幻影星空"太空体验展馆，例如在青岛太空展馆，体验者只需要进入模拟太空舱并戴上 VR 眼镜就可以沉浸式遨游太空。模拟太空舱可以模拟失重环境，让体验者真切感受到在太空中的漂浮感。同时，VR 眼镜为体验者提供绝佳的视觉体验，体验者可将宇宙中的壮阔美景尽收眼底。不仅如此，模拟太空舱还配备人工智能语音讲解，为体验者讲解宇宙中的知识，达到寓教于乐的效果。

元宇宙和 VR 虚拟现实技术的融合为每一位想要上太空的普通人都提供了条件。相信在不久的将来，在元宇宙的虚拟现实场景中，每一位普通人都可以实现遨游太空的梦想。

5.3 专业培训：将培训场景搬进虚拟世界

随着元宇宙的进一步发展，VR 虚拟现实技术在教育行业的应用也越来越广泛。除了应用在教育科普方面，VR 虚拟现实技术也为专业技能培训提供了很大便利。VR 实训教学中心改变了传统的专业培训模式，虚拟仿真系统教学为专业知识技能培训提供了新的解决方案。

5.3.1 VR 航空实训平台：培训内容可视化

航空实训集多种空间科学技术和驾驶技术于一体，想要通过航空实训，就要经过千百次的实战训练，掌握扎实的基础知识。

航空实训的实操训练相当重要。传统的实操训练是在地面使用模拟驾驶舱或模拟机舱场景，或者进行虚拟仿真模拟，学员经过多次演练才可以登上航空器实际操作。这种培训模式的优点是三维可视化、3D 立体化，可以通过外接设备，如手柄，进行人机交互。但缺点是缺乏沉浸感，外接手柄无法提供真实的交互性，学员也没有处理意外情况的机会。

为更好地解决这些问题，中国东方航空公司实训中心利用 VR 虚拟现实技术，设立了航空 VR 虚拟教学实训板块，如图 5-5 所示。

图 5-5　航空 VR 虚拟教学实训

其中的 VR 多人合作区利用多人沉浸式 CAVE 系统和 VR 头盔实现多人合作训练。全息教学区和 MR 小组合作区真实模拟机舱驾驶、航空服务、空中意外紧急救援、航空器维修与检测等流程。这种航空实训模式的成本低、安全性高，激发了学员的学习乐趣，带给学员极强的沉浸感和互动感。

中国东方航空公司为旗下的波音 777、空客 A330 等宽体机型的乘务和驾驶人员都开展了 VR 培训。由于 VR 培训时间灵活且沉浸感、互动感极强，因此深受机组人员的喜爱。

在未来，这样的元宇宙 VR 实训课程将会成为航空行业的标配，人们的出行安全也会得到更好的保障。

5.3.2　虚拟建筑设计培训：提升学生动手能力

在现代社会发展中，VR 虚拟现实技术不仅应用在计算机、医学等领域的教育培训中，它在建筑设计领域也大有作为。VR 虚拟现实技术在建筑设计领域具有很大的优势和潜力，对于建筑设计行业从业者而言，VR 虚拟现实技术会为他们带来极大便利。

在建筑设计视觉方面，效果图是将设计师的设计理念、方案从二维的平面图纸转化为 3D 立体模型的结果。最初由于技术的限制，人们只能用素描或彩绘的形式在纸上画出"3D"的模型。而在元宇宙时代，通过利用 VR 虚拟现实技术，原本静止的图纸可以"站"起来。例如购房者可以"实地"参观房屋的装修设计，体验在不同光照条件下房屋内部的光线变化，如图 5-6 所示。

图 5-6　VR 室内设计效果图

设计师常用的草图大师和 3ds Max 都可以实现基础的建模功能。而在建模完成之后，还需要使用 Lumion 等软件对模型进行光影和材质的渲染，模拟出的家装效果使购房者在使用 VR 功能查看设计效果图时更加具有沉浸感和代入感，从而方便购房者及时对设计进行反馈。

在元宇宙时代，建筑设计将会变得更加方便，设计师将不再需要各种建模渲染软件。利用虚拟现实技术，在元宇宙中进行房屋装修设计将会成为一件容易且美妙的事情。

5.3.3　虚拟驾驶培训：高自由度实现高效训练

现实生活中，考驾照对于很多人来说都并不是一项好的体验，不仅要在家和驾校之间来回奔波，还要忍受风吹日晒。而伴随着元宇宙的到来，在舒适的空调房里练车、免去路途奔波就近学习、在拟真的训练场沉浸式地进行反复训练等都将成为现实，为人们带来更好的学车体验。

2021年10月，上海银都机动车驾驶员培训中心"智慧驾培实验基地"正式启用，其"VR智慧学车"训练基地也开始接待学员。在整个学员培训过程中，以VR辅助模拟器进行驾驶训练是一大亮点。

在接受真人教练的培训之前，学员需要通过VR辅助模拟器进行基础训练，培养一定的驾驶技能。在这一环节，学员需要佩戴VR头盔，在虚拟场景中进行基础的驾驶训练。为了保证学员可以在虚拟环境中掌握实车操作技术，有效掌握和考察训练内容，基地通过激光扫描建模技术真实还原了现实中的考试场地、训练内容等，以便提高学员对考试场地的适应性，提升驾驶能力。此外，在训练过程中，学员还可以输入语音指令，启动"透明车身""车前距离"等辅助功能，以便更清晰地了解车辆状况，提高训练效率。

这样新奇有趣的学车模式吸引了不少学员前来体验。其中，很多学员都表示，VR学车和在现实世界中学车的体验十分相似。同时，在这个封闭、沉浸的空间中，自己可以更加自由地按照自己的节奏练车，学习更有效率。

当前VR驾驶培训已经有了初步发展，而在未来元宇宙所搭建的虚拟世界中，驾驶培训将变得更加虚拟和智能。例如，学员可以以虚拟化身在虚拟世界中沉浸式地体验学车；可以身临其境地体验在大雪、大鱼、大雾等恶劣天气下的驾驶感受；可以自由设计高速爆胎、刹车失灵等各种意外状况，以训练并提高自身的应急处理能力。

总之，在元宇宙中，培训学校可以凭借先进的虚拟现实技术为学员制定个性化的培训方案，并提供专业指导；而学员可以免受风吹日晒、长途奔波之苦，在更加智能的培训方案下获得更好的学习体验。

5.4 商业机会：教育体验变革是关注重点

元宇宙推动教育模式智慧改革，不仅改变了传统的教育模式，还从中挖掘出了新的商业模式。随着越来越多的年轻人组建家庭成为父母，他们对于传统的教育培训行业也有诸多意见。新生代家长不再执着于教育的价格问题，更多关注的是教育的价值问题。因此教育体验变革将会是一个全新的商业机会。

5.4.1 打造 VR 教室，构建 VR 智慧课堂

传统的课堂无法为学生提供更具有针对性的教育。元宇宙课堂则引入了 VR 设备，打造 VR 教室，构建 VR 智慧课堂，有效减轻老师的负担，老师也就更有精力关注到每一位同学。

在 VR 智慧课堂上，老师课前可为学生发放与课件配套的资料，上课时由老师先为学生讲授知识，然后安排学生进行 VR 学习。学生使用 VR 头盔进行虚拟现实学习，老师可以通过 VR 教师端控制学生 VR 学习端中的内容播放进度，保障完成教学目标。

目前很多学校都开始试行 VR 智慧课堂，例如北京海淀某小学就采购了一批 VR 设备，率先进入了元宇宙 VR 智慧课堂学习阶段。

该小学现阶段的 VR 智慧课堂主要分为 5 种：

1. 综合类 VR 智慧课堂

综合类 VR 智慧课堂使用多人协同系统，可满足师生多人使用、异地端登录的需求。

2. 创客类 VR 智慧课堂

创客类 VR 智慧课堂让学生以小组为单位，在 VR 虚拟空间中进行小组合作。学生在制作 3D 立体作品的同时，想象力、合作精神得以激发。

3. 实验类 VR 智慧课堂

实验类 VR 智慧课堂主要用于辅助传统实验教学。老师使用设备进行实验交互演示，学生通过 VR 设备观看教学后进行实验操作。此种方法有效降低了实验安全风险和材料成本。

4. 儿童趣味 VR 智慧课堂

儿童趣味 VR 智慧课堂是将 VR 手部追踪器戴在儿童手腕上，通过儿童之间互相触碰达到在游戏中学习的目的，此课堂适用于低年级学生。有趣的 VR 游戏可以吸引儿童注意力，快速激发他们的学习兴趣，便于儿童理解授课内容。

5. 创新类 VR 智慧课堂

创新类 VR 智慧课堂不受空间限制，是移动的 VR 教室。创新类 VR 智慧课堂可实现面对面授课、远程授课，还可以和其他 VR 智慧课堂结合使用。在居家上课期间，老师使用该课堂可以了解学生学习进度，解答学生学习中的疑惑，还可以在线检查学习效果。

随着时代的发展，VR 智慧课堂将会成为老师授课的主流选择。它不仅降低了学生的学习成本，还减轻了老师的备课负担。同时，它还打破了地域的限制，使贫困地区的学生也可以享受发达地区的教育，实现了教育的公平。

未来，VR 智慧课堂会随着教育改革的推进逐渐普及，实现全国范围的覆盖。新的商业模式构建指日可待，VR 产业有望成为互联网时代下一个新兴产业。

5.4.2　基于校企合作，打造"元宇宙实验室"

元宇宙作为一项融合了多种先进技术的新兴应用，受到了诸多高校的关注，其中潜藏着巨大的机会。科技企业可以凭借技术优势，寻求与高校的合作，通过签订人才培养协议、共建"元宇宙实验室"等提升自身竞争力。

2022年4月，北京中科深智科技有限公司（简称"中科深智"）与北京邮电大学达成合作，共同成立了"北邮—中科深智元宇宙联合实验室"。此后，双方将共同探索XR、AI、3D动画等元宇宙相关技术，推进元宇宙应用场景的落地。除了技术研发外，双方还将在高端人才培养、核心专利共建等方面加强合作。

为了更好地开展元宇宙相关技术研发工作，打造先进的元宇宙实验室，中科深智和北京邮电大学将投入大量的研发资源，并邀请顶级专家参与项目的研究工作。除了集结中科深智和北京邮电大学相关的技术专家外，元宇宙实验室还设立了学术委员会，吸纳了多名领域资深专家，将为项目带来新的思路和专业的指导。

中科深智和北京邮电大学成立的元宇宙实验室是我国高校最早一批成立的元宇宙实验室。双方在元宇宙相关技术方面都具有深厚的技术积累，技术的强强联合有利于实现元宇宙多技术领域的产学研一体化，体现出更大的创新价值。

当前，双方已经在基于LED墙的XR拍摄技术方面展开了合作，目的是破解高分辨率摄像机拍摄LED墙上出现的摩尔纹这一技术难题。该研究成果将大大提升LED墙的拍摄效果、降低LED墙的部署成本，同时也将应用于中科深智的智能拍摄系统中。

总之，此次合作意味着双方在元宇宙相关技术的创新方面迈出了新的一步。未来，双方将以相互开放、优势互补、互利共赢为原则，共同推进技术创新，为打造满足不同场景需求的元宇宙产品而努力。

以上元宇宙实验室的建立为企业入局元宇宙、提升自身竞争力做出了良好范例。通过与高校达成合作共建元宇宙实验室，企业不仅可以结合高校资源优势共同研发元宇宙相关技术，同时，在获得最新元宇宙教育产品后，也可以顺利在校园中进行效果测试。此外，双方的合作还可以为企业输送高质量的元宇宙相关人才，进一步提高企业的竞争力。

5.4.3　聚焦科普教育，推出个性化 VR 体验项目

传统的科普教育通过讲座的形式，主讲人坐在台上，使用投影播放图片或视频，观众很难不走神。而在一些科普展馆中，基本通过讲解员讲解的方式进行科普。人们跟随讲解员辗转于众多展品之间，很难静心去听科普讲解，也很难记住一些科普知识。

而 VR 虚拟现实技术带来了一种新的科普方式——VR 科普。

VR 科普，顾名思义就是利用 VR 设备，给体验者带来高度沉浸的互动式科普体验。它将平面的文字和图片内容转化为 3D 立体影像展示给体验者，让平面的内容更加生动、有趣。

例如，故宫文创展馆的《清明上河图》就采用了全息投影技术，将古画变为了可互动的多维立体项目，如图 5-7 所示。画上的人物都"活"了过来，到了晚上，画中的人还会点亮灯笼。体验者穿行其间，叫卖声、狗吠声不绝于耳，好像真的穿越到了宋代。"活了"的《清明上河图》生动地展示了北宋时期市井百姓的日常生活。

图 5-7　《清明上河图》全息投影展示

不仅如此，故宫文创展馆还特别根据《清明上河图》中的汴河码头打造了一座可容纳 30 人的互动式 VR 体验影院。游客坐在座椅上，戴上 VR 设备，由于 VR 设备内置的头部陀螺仪，画面会随着游客的身形变化而变化。游客就仿佛真的置身于汴河的一条船上，还可以向画中的百姓招手示意，欣赏岸边的灯火，真切感受宋朝汴河两岸的风光。

VR 虚拟现实技术不仅可以应用在文旅科普方面，在天文、医学、急救等领域的科普应用都有很好的效果。使用 VR 设备科普，不仅可以减少实体展品和场地租用的成本，同时可以更好地为游客提供一对一的 AI 智能讲解，使游客在放松娱乐的同时也收获了知识。

未来在科普领域，通过打造可视化沉浸式科普展馆，构建全新的科普领域商业模式，实现全民科普教育，将会成为教育智慧化改革的一个重要方向。

第6章

文旅消费+元宇宙：拓展文旅消费新空间

元宇宙生态是全方位的，是无处不在的。它不仅仅局限于游戏、办公等和互联网密切相关的行业，在传统的文旅行业也可以大放异彩。如果说2021年是元宇宙的"元年"，那么2022年就是元宇宙面向大众的"体验年"。而文旅行业中的消费重点就在于游客的体验如何。元宇宙对文旅行业的加持，会重新定义这个传统的行业，让它在元宇宙时代与年轻消费者能够实现零距离接触。

6.1 沉浸式文旅重新定义文旅行业

元宇宙文旅行业概念兴起，VR/AR产业再次成为风口。沉浸式体验无疑是吸引游客，促进消费的绝佳卖点。综观国内外各大旅游城市，沉浸式主题乐园、沉浸式展馆层出不穷。元宇宙带来的高科技和新理念为传统文旅行业注入了新的活力，而游客也愿意为沉浸式体验买单。可以说沉浸式文旅体验重新定义了这一行业。

6.1.1　元宇宙游乐项目：沉浸式主题乐园层出不穷

传统的游乐园是孩子们的天堂，旋转木马、碰碰车等游乐设施都牢牢吸引着他们的目光，而成人则对这些游乐项目不太感兴趣。而在元宇宙主题乐园，情况则大为不同，成人游客的数量远远超过儿童游客的数量。越来越多的成人开始走进元宇宙沉浸式主题乐园，体验与众不同的游乐项目。

例如法国的"未来视界"主题乐园，就是全法国上百个主题乐园中最引人注目的。在"未来视界"主题乐园园区中，随处可见的新颖、奇特的未来风格建筑是它的标志性名片。在园区核心地带，坐落着镇园之宝 IMAX 影院，它是"未来视界"主题乐园最受欢迎的娱乐项目之一。影院采用先进的 VR、AR 技术及配套的可活动式座椅，辅以巨型 3D 立体投影装置，为游客呈现出极富沉浸感和层次感的感官盛宴。

此外，遍布园区各处的游乐设施，大多采用最先进的 3D 视觉投影技术，加以灯光、音效机械运动等多种辅助手段，给游客带来极致的多重感官体验，如图 6-1 所示。

图 6-1　"未来视界"主题乐园烟火秀

"未来视界"主题乐园一直在为游客打造沉浸式体验乐园的道路上坚持不懈地

努力。例如"极速体验"赛车项目，虚构了赛车手运输危险药剂的情节，采用最新一代虚拟现实一体机，为游客带来立体环绕音效和超刺激的赛车体验。随着赛车的漂移，游客甚至可以闻到柴油的味道，还可以感受到喷射的气体，多种感官刺激让游客身临其境地体验赛车的魅力。

诸如"未来视界"主题乐园这样的元宇宙主题乐园还有很多，它们的主题虽然不同，但所依托的技术大体一致。在未来，这种依托于虚拟现实技术的乐园无疑会成为新一代年轻消费者的宠儿，成为文旅行业游客消费项目的领头羊。

6.1.2　虚拟元宇宙展厅：打造沉浸式展览体验

展览会，顾名思义就是将科技成果或艺术作品汇集起来公开面向大众展示。在现实世界中，线下展厅并不少见，而随着元宇宙的火热兴起，在元宇宙中举办的展会也与日俱增。元宇宙展会既可以将现实展览场景实现线上数字化转移，也可以直接参观虚拟世界中的科技成果。

元宇宙展厅采用数字孪生、镜像、虚实结合等技术，极大程度提高了线上沉浸式展览体验。游客甚至可以在元宇宙展厅中与展品互动，感受展品的价值与魅力，汽车行业线上展厅如图6-2所示。

图6-2　汽车行业线上展厅

例如，法国卢浮宫就有一座数字博物馆。最初数字博物馆仅仅是线上展厅的形式，展品内容极其有限，对展品的介绍也不全面，游客大多对此兴趣寥寥。但随着元宇宙在现实生活中的普及，卢浮宫数字博物馆采用了 AR 增强现实技术和全息投影技术，将更多展品"摆"进了元宇宙展厅，同时完善了展品介绍，吸引了大批游客。

在参观过程中，游客不仅可以欣赏展品，甚至可以"触摸"展品，同时还可以不受干扰，聚精会神地阅读展品介绍，深入了解展品背后的历史。这种沉浸式和互动式的体验极大提升了游客对于卢浮宫的兴趣，一时之间卢浮宫再次成为法国的游览胜地。

元宇宙展厅赋予了现实展会新的生机，真正做到了现实和虚拟结合。结合二者优势，打造沉浸式元宇宙线上展会，能够为展会行业带来新的发展机遇。

6.1.3　三星堆+希壤：在虚拟世界中复刻博物馆

2021 年 12 月，百度发布了首个国产元宇宙产品"希壤"。"希壤"的目标是要打造一个大型的可供多人互动的永久空间，是具有浓郁中国风的虚拟现实世界。

在百度的构想中，"希壤"是一个莫比乌斯环的造型，代表着元宇宙世界周而复始，永无止境。在城市设计中，它融入了大量中国风元素，譬如街角的红灯笼、高扬的屋脊等。在这里，游客不仅可以与科幻电影中的知名角色亲密接触，还可以探访少林寺，寻宝三星堆博物馆。"希壤"是一个虚拟与现实相结合的魔幻元宇宙产品。

"希壤"中的三星堆博物馆，是现实世界中三星堆博物馆的复刻。据三星堆博物馆相关负责人介绍，"希壤"中的三星堆博物馆沉浸感十足，共有 300 余件在里面展出，如图 6-3 所示。

图 6-3　"希壤"中的三星堆博物馆

在"希壤"的三星堆博物馆中，配有博物馆设计师、展览策划师、博物馆馆长及讲解员线上讲解等多种展品介绍形式，为游客提供全方位的讲解服务。三星堆博物馆讲解通过横纵双向展开，为游客带来系统又全面的展品介绍，借此了解古蜀文明的历史。而游客也会在 VR 虚拟现实和全息投影技术的加持下，在三星堆博物馆沉浸式寻宝之旅中深入了解中华民族的悠久历史和灿烂文明。

三星堆博物馆综合馆充分运用 VR 虚拟现实技术和 3D 立体影像展示技术，加以新颖的灯光、音效辅助，为游客带来层次丰富的沉浸式参观体验。不仅如此，馆内的动画和立体投影，真实还原了古蜀文明的历史场景和事件，揭示了古蜀文明蕴含的深刻内核。

人们可以足不出户地在家轻松参观三星堆博物馆，了解其背后的文明历史，这得益于元宇宙的发展和普及应用。随着技术的不断发展和成熟，未来的三星堆博物馆将会以更加完善的姿态出现在游客面前，向全世界展示元宇宙中的中国风采。

6.1.4　虚拟偶像+文旅：文旅宣传潜力无限

从虚拟偶像概念出现的那一天起，虚拟偶像的热度就一直居高不下。无论是"未来歌姬"初音未来，还是二次元主持人"赫兹"，他们始终活跃在大众的视野里。随着元宇宙不断为文旅行业注入新的活力，虚拟偶像也再次成为新的风口。

从本质上说，虚拟偶像是元宇宙的产物。通过语音合成、VR 虚拟现实、全息投影等技术，元宇宙让人们脑海中的虚拟形象变为现实，让二维世界中的角色"站"起来，"走"到大众面前。而其强大的商业变现能力也被人们熟知，文旅宣传自然要借这个风口，为文旅行业带来新的发展机遇。

例如，米影科技就与盐城九龙口景区联合打造推出一位"蔷薇姑娘"，由她作为《奇境印象九龙口》项目的代言人。"蔷薇姑娘"的原型来源于当地的一个神话爱情故事，因此这位"蔷薇姑娘"是土生土长的盐城本地人。米影科技与九龙口景区还为"蔷薇姑娘"推出了旅游宣传片，游客们可以跟随她的脚步，漫步于九龙口景区秀丽的风景之中，品尝当地的特色美食。"蔷薇姑娘"一经推出立即引起很大反响，慕名而来的游客明显增多，当地的文旅行业收入显著提高。

受"蔷薇姑娘"这位盐城本地虚拟偶像代言人的启发，青岛市也推出了本地虚拟偶像"海萌姬"作为城市形象代言人。在第三届中国国际进口博览会上，经典动画角色"三毛"与吉祥物"进宝"都"走"到了大众面前，化身资深主持人，带领现场游客和电视机前的观众一起游览会场展厅，如图6-4所示。

图6-4 "三毛""进宝"游览会场

基于虚拟偶像与文旅行业的适配性，二者之间的联系也愈发密切。通过人们对虚拟偶像的喜爱来提高对该地的关注度，进一步提升在该地文旅产业消费的可能性。可以说虚拟偶像就像指引游客消费方向的指南针，当游客迷茫不知该前往何方游玩之时，虚拟偶像的出现给予了游客指引。

目前，"虚拟偶像+文旅"这一产业链还存在着后劲不足、基础薄弱等诸多问题。但随着各地文旅行业相关人员对虚拟偶像的关注度不断提高，相信虚拟偶像会成为新的文旅 IP，为文旅行业运营提供新思路，成为元宇宙赋能文旅行业的新爆点。

6.2 文旅元宇宙开启消费新场景

时代新风口元宇宙为文旅行业开启了新场景。从虚拟偶像代言人衍生出来的系列潮流周边，到具有浓郁地域风情的各具特色的文创产品，元宇宙文旅开始逐渐发力，成为推动文化旅游产业发展的一股重要力量，为促进线下文旅行业复苏提供了支点。

6.2.1 瞄准元宇宙，张家界推出文旅消费新项目

2021 年 11 月 18 日，张家界元宇宙中心正式挂牌，张家界正式成为全国首个设立元宇宙中心的景区。

张家界作为世界知名景区，一直致力于打造与世界前沿科技接轨的国际化形象。张家界元宇宙中心的设立主要用于研究元宇宙与文旅行业融合发展的新思路，用元宇宙的高科技驱动文旅行业的创新与转型。

随着元宇宙概念的普及，VR 等技术也逐渐被人们熟知、应用。在新冠肺炎疫情影响下，发展暂缓的文旅行业也把目光转向了元宇宙。随着科技的进步和互联网的发展，万物皆可元宇宙，已经成为人们的共识。张家界以虚拟现实等数字

化技术来丰富文旅项目的内容，创新文旅项目的形式，减少景区维护成本的同时又可以增加游客的消费。

在过去，文旅行业的消费产业结构单一，收入有明显的淡季、旺季之分。传统的景区容客率不高，很容易人满为患，游客的整体游玩体验不佳，自然也无心消费。而元宇宙内的景区则不同，基于 3D 可视化、全景展示、虚拟现实等技术，元宇宙张家界可以为游客带来与真实张家界风景无异的视觉享受，同时还避免了人潮拥挤，大大提高了游玩舒适度。更重要的是，元宇宙文旅行业的发展会带来一系列商业模式的创新与转型。

可以预见，有了张家界作为元宇宙文旅行业的先锋，后续还会有更多景区加入到元宇宙文旅行业中来。元宇宙文旅消费新项目会为文旅行业带来新的生机。

6.2.2　文创产品 3D 虚拟展示，激发消费活力

文创产品是文旅行业中相当重要的一部分，它带动了很多地区的旅游消费。传统的文创产品种类单一，创意大多源自当地的一些神话故事，或者基于当地特有民俗，产品形式多以摆件或明信片为主。这种种类单一且缺乏新意的文创产品在市场上并没有得到游客的青睐，因为不管这些文创产品蕴含的底蕴有多么丰富，其形式较为简单，所以很难引起游客的消费兴趣。

而随着元宇宙时代序幕的拉开，文创产品有了新的出路。VR 虚拟现实、3D立体投影等新技术与传统行业的融合，是大势所趋。3D 虚拟展示将 VR 虚拟现实技术与 AR 增强现实技术同传统文创产品相融合，集多种效果于一体，为游客带来沉浸式感官体验。这种文创产品是数字化的产物，其通过新颖、独特的造型，吸引游客对文创产品的兴趣，使游客乐于了解文创产品背后的历史。在元宇宙时代，文创产品作为文明延续的载体，能更好地促进人类文明的传承。

例如江西南昌滕王阁景区推出的贺岁视频，就是国内首个元宇宙文创产品。

这些贺岁视频内置滕王阁景区大量的照片和历史数据，只要游客在线上投递自己的照片，贺岁视频就会自动将照片上的人脸通过 AI 识别，与原有的照片数据进行匹配，生成独一无二的贺岁视频。这些贺岁视频以 3D 全景展示的形式为游客们展现滕王阁景区一年四季的瑰丽景色，游客的 AI 形象穿行其中，就好像游客本人置身于景区之中，为游客带来无与伦比的独特沉浸式体验。

元宇宙文创产品的形式远不止于此，譬如比起价格稍高的实体文创盲盒周边，数字化虚拟文创盲盒以其低廉的价格和独特的外观迅速俘获了一大批年轻消费者的心。随着科技的进步，元宇宙文创产品的形式也越来越多，消费者也乐于为这些独特的商品买单。激发消费活力，复兴传统文化，文创产品 3D 虚拟展示在元宇宙时代肩负起了更多的责任。

6.2.3 Area15：沉浸式商业娱乐项目

元宇宙的发展带动了许多行业的迭代优化，也让人们明白在看似饱和的市场中还存在着未曾有人涉足的领域，如 VR 零售行业。

拉斯维加斯是著名的不夜城，而坐落于拉斯维加斯繁华地段的 Area15 无疑是这座不夜之城冉冉升起的一颗新星。

Area15 是由美国房地产开发公司 Fisher Brothers 和创意机构 Beneville Studios 联合设计研发的，采用英特尔设备及数字化理念所打造的全球首座个性化沉浸式零售体验店。Area15 内含多种娱乐设施，是一座占地达 1.8 万平方米的超大型综合场馆。

Area15 作为全球首座个性化沉浸式零售体验店及娱乐综合型场馆，以互联网时代的前沿科技为依托，打造一座吸引全球目光的娱乐圣殿 Area15 开辟沉浸式商业娱乐项目新方向，为游客带来层次丰富的沉浸式感官体验，使游客感受到拉斯维加斯独有的欢乐氛围，如图 6-5 所示。

Area15 是一个人为重塑的世界，其中的各类沉浸式体验场所一应俱全，例如零售店、酒吧、餐厅、电玩城、足球场、演出舞台等。因为 Area15 的目标游客是科技爱好者和游戏玩家，所以大部分项目中都应用了元宇宙的各种前沿科技，如VR 虚拟现实、AR 增强现实、MR 介导现实等技术，以此为游客提供高质量的沉浸式享受体验。

图 6-5　Area15 中的娱乐场景

得益于元宇宙理念的发展与科技的进步，在 Area15，游客可以欣赏到全球各地的艺术珍品，可以在绿茵场上纵情奔跑，也可以在一旁的"雪山"感受"冰雪"的寒冷。游客可以在这里实现梦想。Area15 是一次元宇宙在零售行业的全新尝试，是对传统零售行业的一次伟大创新，它将成为元宇宙时代零售行业的"敲门砖"。

6.3　商业机会：以技术挑战新项目

高新技术给元宇宙带来的作用不仅给人类的衣食住行带来变化，还更多地作用于市场，将原有项目进行迭代优化，为各个行业挖掘新的发展机遇。在文旅行业，元宇宙更是以其多样的技术手段，为游客提供非同质化的沉浸式体验，助力文旅行业新发展。

6.3.1 推出元宇宙文旅项目，破解同质化体验怪圈

在假期和家人、好友出门旅游，体验不一样的风土人情，是当代人放松心情的一种好方式。然而随着景区的数量越来越多，景区的质量反而在逐年下降。游客在各个景区看到的风景、购买的特产大同小异，同质化逐渐成为了文旅行业的通病。

"上山必有玻璃栈道、彩虹桥，下湖必有天空之镜、木栈道。"这是近两年游客们总结出的旅游经验。曾经风靡一时的文娱设施俨然成了文旅行业同质化的代表性产物，跟风推出千篇一律的文旅体验项目只会打消游客的兴趣与消费热情。只有打破同质化怪圈，为游客提供高质量的个性化体验才是文旅行业的新出路。

因此元宇宙文旅项目应运而生，它正是文旅行业寻求高质量发展，拒绝同质化的最佳选择。与趋势同行是行业方向，提供个性化服务是生存方法。许多应用在元宇宙的高新技术是建立在为游客提供个性化、差异化体验的基础上研发的。基于此，文旅行业以 VR 虚拟现实、3D 立体展示、全息投影等技术为依托，以景区美景和文化历史底蕴为基础，配以特色民俗、美食，为游客提供个性化、定制化的沉浸式旅游体验。

例如风靡全球的迪士尼乐园就推出过线上云游迪士尼乐园的软件。通过使用这个软件，游客可以足不出户在家轻松游览迪士尼乐园，欣赏园区中的风景，与童话中的城堡合影。在家里，不仅避开了线下迪士尼乐园中的拥挤人潮，而且游客还可以与童话中的公主们一起用餐、聊天。虽然由于技术的限制，游客在迪士尼乐园中可交互的对象并不多，但这却是一个良好的开端，它让文旅行业从业者们看到了新的商机。

游客在景区旅游和消费不仅仅是为了欣赏美景，放松身心，更是为了追求一

份独一无二的体验。除了开发线上云游项目，各大景区、景点还为游客提供了线上共创虚拟文创产品的机会，让游客自己创造自己喜爱的个性化文创产品。线上共创文创产品这一形式为游客提供了心灵上的满足。例如，《国潮故宫冰嬉图》推出了线上盲盒的形式，由游客线上参与设计投票，最终推出了十余款广受好评的"故宫冬奥比赛项目"盲盒，一上线就被一扫而空，如图6-6所示。

图6-6　《国潮故宫冰嬉图》

为了打破文旅行业的同质化怪圈桎梏，开发元宇宙文旅行业新项目势在必行。诚然，元宇宙文旅行业尚处于发展初期阶段，但元宇宙的视角为文旅行业带来了积极有益的启迪，它必将推动文旅行业进入一个全新的时代。

6.3.2　推出城市代言人，助力城市文旅

在今天，虚拟偶像做代言人不再是新鲜事，洛天依可以举着一部手机夸赞它的像素高，初音未来也可以吃着巧克力称赞它的味道醇厚。而对于文旅行业来说，聘请虚拟偶像作为城市代言人也是开拓文旅消费新方向，助力城市文旅发展的新举措。

传统的城市代言人多为现实世界中的明星偶像。例如上海市、云南省丽江市都聘请了国内知名演员作为城市形象代言人。这些演员被聘请为形象代言人的原因要么是他们的故乡在那里，要么是与那座城市因戏结缘。

　　随着元宇宙与文旅行业的联系越来越密切，很多城市都将寻找城市代言人的目光投向了元宇宙的产物——虚拟偶像。不同于现实中的城市代言人，虚拟城市代言人不受地域的限制，也不会有"人设崩塌"的风险。而虚拟城市代言人的最大优势在于他的一言一行都在可控范围之内，城市聘请方可以完全掌控主导权，最大限度地为游客呈现这座城市的魅力。

　　例如近年来火爆的的"网红"城市长沙，就搭上了虚拟城市代言人的快车，为这座城市带来了不小的热度。2021 年 5 月 14 日，长沙市文化旅游广电局与腾讯旗下的 QQ 炫舞共同宣布，长沙非遗文旅推广大使由"星瞳"担任。

　　"星瞳"是 QQ 炫舞的知名虚拟偶像，她被 QQ 炫舞玩家称作"当家花旦"。"星瞳"采用 VR 虚拟现实、AR 增强现实、3D 立体展示等技术，实现了与人类在现实场景中互动这一功能。由于"星瞳"逼真的人物形象、超高的人气和可沉浸式互动的功能，长沙文旅当机立断敲定了由她担任长沙非遗文旅推广大使一职。

　　"星瞳"也不负所托，在为期一个月的"星城"（长沙）之旅中，她为游客呈现了原汁原味的长沙生活。她手拿"茶颜悦色"，带领观众欣赏长沙的自然风景、人文景观，领略当地的风土人情，如图 6-7 所示。"星瞳"的真实体验吸引了大量观众的目光，在长沙文旅随后做的一项调查当中显示，有将近七成的受访观众表示自己在看过"星瞳"的旅行记后想要亲自去长沙游玩一番。

图 6-7　"星瞳"的长沙之旅

聘请虚拟偶像担任城市代言人对于城市文旅来说，不仅成本低，效益高，还可以显著拉近城市与年轻消费者之间的距离，贴近元宇宙世代这一群体。在元宇宙中，虚拟偶像有着完整的生命逻辑，他们成为虚拟城市代言人是元宇宙对城市文旅的一次强有力的赋能。相信在不远的将来，每座城市都会拥有属于自己的虚拟城市代言人。

6.3.3　以混合现实技术展现虚拟文物和虚拟景观

元宇宙的发展推动了许多高新技术的应用，诸如 VR 虚拟现实技术、AR 增强现实技术、MR 混合现实技术和 3D 立体展示等。它们都是元宇宙对传统文旅行业赋能不可或缺的重要工具。

MR 混合现实技术通过可穿戴式移动交互终端，利用简单的手势动作，就可以实现在真实环境中与全息影像进行互动的功能。它不仅可以使游客亲眼看到，还可以使游客亲手触碰到，极大地提升了游客的游览体验。MR 是元宇宙的高新技术在文旅行业的又一次伟大创新与有益探索。

例如，在重庆白鹤梁博物馆举办的中国国际智能产业博览会上，"老地图·老重庆" MR 体验项目大受好评，游客们纷纷表示这种体验非常奇妙。白鹤梁博物馆将 MR 混合现实技术应用到晚清时期的地图《增广重庆地舆全图》上，游客可以通过微软的 HoloLens 可穿戴式移动交互终端穿越到晚清时期的重庆城中，漫步在晚清时期的街道上，欣赏重庆码头岸上的瑰丽风光。

根据"老地图·老重庆" MR 体验项目相关负责人表示："该项目并不是只应用虚拟现实技术就可以完成的，否则它就只是简单地虚拟建模的内容，无法让游客看到文物本体，不能真实感受文物本身。"而通过 MR 混合现实技术、数字化介绍和相关的 3D 动画展示，游客不仅可以看到文物本体，还可以了解文物背后的故事，从而激发内心的文化自豪感与文化认同。

除了"老地图·老重庆"MR 体验项目，清华大学建筑学院也在使用 MR 等技术修复圆明园遗址，让游客欣赏到圆明园在不同时期的历史风貌。

MR 混合现实技术为游客带来了更有温度的游览体验，它突破了时间和空间的局限，令更多游客能够有机会欣赏并切身感受虚拟景观和虚拟文物，同时还促使游客了解古代文化遗产背后的故事。游客通过在线互动的方式穿越时空，身临其境地体验历史的风味。

第 7 章

生产管理+元宇宙：数字孪生赋能管理系统

如今的市场竞争越来越激烈，传统的商业模式正面临着巨大的压力。生产时间、原料成本、产品质量等问题是各企业提高生产效率、增加产品效益的"拦路虎"。而随着元宇宙的兴起，产业数字化的浪潮袭来，数字化转型成为各行各业应对时代挑战的有效手段。依托于数字孪生技术，企业得以打破研发、生产、销售等产品生命周期隔离。例如制造行业的生产管理系统融合生产、运营等不同阶段的数据资源，对产品生产、销售流程进行真实模拟还原，深入挖掘其不足之处，为数字化工厂的可持续发展提供信息化支撑。

7.1 数字孪生与元宇宙

数字孪生与元宇宙既存在相似之处，又存在不同之处，二者关系密切，但并不完全等同。数字孪生遵循现实世界中的物理规律，它所做的一切都是为了更好地服务于现实世界。而元宇宙构造的是一个全新的虚拟世界，它既可以使用现实世界的框架，也可以创造新的世界框架，但二者都是借助数字技术实现在虚拟空间中的一系列对象、场景的交互和运行。

7.1.1 从数字孪生到元宇宙

尽管数字孪生与元宇宙都是通过数字技术在虚拟空间实现可视化的对象交互与场景运行，但二者本质不同，担负的责任也不同。

中国科学院院士李德仁认为："虽然数字孪生与元宇宙存在相似的地方，但不应该把二者划上等号，也不可以将元宇宙看作是数字孪生的高级形态，两者是不同的概念。"

2015 年之后，数字孪生的概念逐渐被人们熟知。数字孪生的使命是对现实世界负责。它遵循现实世界中的物理规律，将实体产品投射到虚拟空间，还原现实世界中的场景，以尽可能小的成本支持人们在其中做出任何尝试。

数字孪生的概念非常清晰。无论是数字孪生工厂还是数字孪生地球，它的本意都是基于对现实世界中对象的模拟和运行规律的总结，在虚拟空间进行 1:1 的还原，模拟不同情境的不同决策，优化现实世界的物理对象。简单来说，数字孪生的一切事物并非凭空捏造，都可以在现实世界找到其原型。

而元宇宙的本质是一个开放的、去中心化的虚拟世界。它可以使用现实世界的观念和理论来搭建自己的世界框架，同样也可以直接创造新的世界运行的逻辑，甚至新的文明。在这个虚拟世界中，每位用户都拥有唯一的数字身份，用户之间彼此独立，但又可以进行交互或者合作，进行天马行空的创造。

对现实世界进行复刻是元宇宙的重要内容之一，而数字孪生在其中起到了不可或缺的作用。例如国家建筑师 Cthuwork，这个虚拟建筑团队在《我的世界》中 1:1 复刻了许多现实世界中的建筑，如九寨沟、故宫等。

类似的尝试还有很多，这将会成为未来元宇宙和数字孪生合作的发展方向之一。借助数字孪生技术，将现实世界中的更多建筑、风景搬进元宇宙中，繁荣元宇宙世界。

7.1.2　数字孪生推动多行业向元宇宙转化

对于普通人而言，元宇宙是一个看不见、摸不着的宏大概念，它包罗万象，却让人难以窥见其真容。而数字孪生技术就是将元宇宙拉近人类的那根绳子，它将漂浮的宏大概念落到实处，人们得以借助数字孪生技术推动各行各业向元宇宙转化。

中国科学院院士李德仁介绍："数字孪生就是利用虚实融合的技术，用迭代、进化的方式对从工厂、园区到城市的物理空间进行全面观测，洞察其发展态势，进而科学分析、预测、决策，实现以虚拟网络的管控来提升实体的运行效率。"

目前已有多家企业和协会应用了数字孪生技术，各个行业都希望借助数字孪生技术，实现减本增效，更快、更好地向元宇宙进军。

在制造行业中，数字孪生有助于打造智能数字工厂。通过收集、分析生产管理系统的数据资源，构建工厂全生命周期管理体系，实现工厂生产管理系统的迭代优化。管理人员可以通过系统随时监测重要指标数据，发现潜在风险。借助数字孪生技术，直击传统生产管理系统中的痛点，工厂运行的效率将会大大提升。

在文化旅游行业中，借助数字孪生技术能够更好地实现景区的数字化转型。景区和游客之间原本零散的数据被统一收集，进行分析和建模，通过可视化的动态模型呈现行业的发展趋势，帮助景区做出正确的管理运营决策。

在建筑行业中，数字孪生建筑已经成为建筑行业转型升级的驱动式引擎，同时也是建造数字孪生城市的必要基础。利用 BIM、云计算、大数据、物联网等数字孪生技术，集成人员、数据、技术、场景等必要内容，从建筑的设计到施工全生命周期，数字孪生建筑实现了以人为本的环境开发理念和日常生活的家居智慧化应用。

数字孪生技术在各个行业都得到了广泛的应用，它加快了各行各业的数字化、智能化转型，推动行业高速、高效地向元宇宙进军。在未来，类似制造行业元宇宙、教育行业元宇宙等场景的形成，将会进一步完善元宇宙的内容，丰富元宇宙的内涵。

7.2 农业生产+工业生产：智能模拟与预测

随着数字孪生技术的广泛应用，农业生产与工业生产也踏上了行业的数字化转型之路。借助数字孪生技术收集、分析数据，建立可视化的动态模型，切实还原行业发展趋势。基于此，行业生产可实现生产管理的优化，做出适当、可行的发展决策。

7.2.1 农业生产：元宇宙虚拟农业系统实现智慧种植

当今市场中，各行各业都竞争激烈，农业也不例外。虽然现代农业已经不再需要靠天吃饭，但趋于饱和的市场和对人力的依赖，使得现代农业的发展前景不容乐观。农业发展需要更先进的技术打破当前的困境，而智慧种植是数字孪生技术与农业深度融合的产物，它已经逐渐成为现代农业向数字化农业转型的重要趋势和显著特征。

传统农业种植需要大量的人力资源，例如人工播种施肥、人工挑水灌溉、人工收割作物等。随着科技的发展，现代农业有了高新科技的加持，自动耕作拖拉机、自动灌溉机等智能生产设备的出现，使得农业生产发生了巨大的变化。而这也正体现了现代科学技术与农业领域的融合，进一步催生了智慧农业。

随着智慧农业时代的来临，以物联网、云计算等技术内容的数字孪生技术，为现代农业数字化转型提供了强劲的支持。智慧农业使农业生产变得越来越数字化、智能化。

例如在"蔬菜之乡"山东寿光，有不少农民采用了智能蔬菜大棚种植蔬菜，如图 7-1 所示。相关负责人表示："目前智能大棚可以根据实际情况，对土壤湿度、大棚温度和光照等参数进行自动调节，确保蔬菜生长的最佳条件；农民可以利用手机或电脑，对智能大棚远程查看和控制；智能大棚的数据还会被统一收集上传，供有关专家进行远程种植指导。"智能大棚的应用显著提高了蔬菜的产量与质量。

图 7-1　山东寿光智能大棚

随着元宇宙虚拟农业系统的普及应用，智慧农业已经成为农业数字化转型的必然方向。它将在农业生产全周期为农民提供科学的指导规划、及时的灾害预警、周全的种植护理及利益最大化的销售管理。

7.2.2　工业生产：数字孪生系统优化生产制造流程

在现代工业生产中，生产制造流程数字化是大势所趋。在这种趋势的影响下，大量企业开始寻求行之有效的数字化转型方法，以期能够在激烈的市场竞争中脱颖而出。而数字孪生是通过数字化镜像对现实世界中的实体的系列行为进行可视化的动态呈现，有助于企业对未来的生产和发展趋势做出合理判断。

传统的工业生产制造流程中，产品的质量好坏需要等到生产流程结束之后才可以得出结论。而且受制于生产设备，一旦开启生产线，该批次产品的数量便无法再次更改，无论质量好坏，这一批次的产品都必须生产。这种情况导致企业的生产成本居高不下，大大削弱了其抗风险能力。

例如广东一家小型工业制造企业，其产品面临诸多质量问题，这些问题影响产品销售，也败坏企业口碑。生产成本已经付出，销售成本又因质量问题不断增加，企业很快入不敷出，因此该企业试图找出质量问题的根源所在。

该企业将物料清单中的所有信息进行整合，包括设计类物料和制造类物料两类。设计类物料清单包括研发、测试因素，制造类物料清单包含生产设备综合因素。信息整合完成之后，企业基于数字孪生技术建立可视化的动态模型，分析出生产流程中的漏洞，并提出了潜在的漏洞预警。企业依据模型中的数据，完善了生产流程中的漏洞，并针对数字化生产提出了创新见解，产品返工率降至 15% 左右。企业依据此模型，可进一步打造出完整的数字孪生系统，提高生产效率和质量，催生全新的商业机会。

7.3 场景扩展：孕育工业元宇宙

传统的工业生产模式已经无法满足竞争日益激烈的市场，传统的工业生产产品也无法再满足客户灵活多变的需求。工业生产亟需搭上数字化转型的快车，借助数字孪生技术，进入元宇宙工业时代。这既是时代的大势所趋，也是企业自主选择的生存之路。

7.3.1 工业生产全生命周期虚实共生

数字孪生本质是对现实世界物理实体的虚拟镜像，它的真正功能在于可以在现实世界和虚拟世界之间搭建实时联系。同时基于产品生产流程实际情况与模拟情况之间的交互，数字孪生可以进行更深度的加工分析，从而对未来情况做出更加准确的预估判断，对尚未到来的风险做好应对准备。

数字孪生对生产管理系统的赋能贯穿整个工业生产生命周期，企业可以借助它实现在元宇宙中的工业生产布局，工业元宇宙的雏形就此孕育。

工业元宇宙脱胎于工业互联网，它是工业发展到元宇宙时代的新模式。工业互联网借助工业软件实现智能制造，而工业软件的本质是将以往的知识经验以数据的形式进行量化存储，进而加工成模型沉淀。因此若想稳步进军工业元宇宙，构建模型的数字孪生技术必不可少。

首先，虚实共生的数字孪生通过可视化方式进行虚拟验证设计、规划，从而优化工业生产全生命周期的制造过程。优化后的生产流程解决了生产工艺不稳定、样品试产周期长、试错成本高等现实问题，同时还可以 1:1 镜像地为虚拟产品做市场调研和用户测试。

其次，通过高度物联网化的虚实共生数字孪生系统，企业可实现高沉浸、全实时还原的生产制造管理情景模拟，极大地提高了生产工人的生产效率和管理人员的管理效率。

再次，数字孪生还作用于产品生产完成之后的消费环节。在数字孪生赋能的工业生产全生命周期中，消费者购买得到的并不仅是一个实体商品，还包括与之对应的虚拟商品。纸质化的说明书和售后维修卡也将被直观、方便的数字孪生虚拟说明书和售后维修卡取代。例如 DataMesh，作为轻量化的平台软件提供商，它在很久之前就开始提供数字孪生说明书。

最后，数字孪生对生产管理系统的赋能还体现在企业内部经营的虚实共生。其最终目标是使元宇宙办公取代传统的线上办公，如 Meta 推出的 Horizon Workrooms 对标的竞品就是 Zoom。

7.3.2　工业元宇宙实现智能经济体系

区块链是元宇宙经济体系的基石。工业元宇宙的实现离不开软硬件的支持，除了传统的云计算、AR、VR等技术，数字孪生、区块链等底层技术的进化是实现工业元宇宙愿景的必经之路。

工业元宇宙中的经济体系不同于现实世界中的经济体系，它是借助于区块链等技术重构的智能经济体系，具有公平可信、智能高效的特点。工业元宇宙的智能经济体系主要分为以下四类。

1．智能阿米巴经济体系

阿米巴原虫具有灵活多变的特点，因此它的适应力极强，在很多极端环境下都可以存活。而智能阿米巴经济体系正如同阿米巴原虫一样，它适用于企业内部价值链的各部门和各岗位，是全方位的智能经济体系。不同企业会依据实际情况定义不同的价值链系数。

2．智能成本经济体系

智能成本经济体系适用于企业与原料供应商之间。它作用于产品研发、生产、运输、营销、售后等一切与原料有关的环节。

3．智能销售经济体系

智能销售经济体系适用于企业与各级销售渠道、客户之间。它作用于打通渠道、清理库存、福利促销等各销售环节。

4．智能合作经济体系

智能合作经济体系适用于企业与外部合作伙伴之间。例如慈善机构、各类商会、金融机构等，都属于智能合作经济体系的适用范围。

工业元宇宙智能经济体系的搭建，有助于传统工业摆脱对人力的依赖。随着人口下降，劳动力日益短缺，智能经济体系搭建是解决这一问题的数字化良方。

例如老牌制造业企业西门子就打造了企业工业互联网平台 Mindsphere。利用该平台，西门子实现了不同应用场景的智能经济体系的打通。通过提供完整的智能经济体系视图，让供应商、企业、客户、经销商和合作伙伴能够对整个产品生产流程有一个更加直观的感受，并对此做出真实合理的评估，来确定交易的进行或终止。

7.3.3　英伟达推出虚拟协作平台 Omniverse，助力企业制造

2021 年 11 月 9 日，英伟达召开 GTC 2021 线上大会。在此次大会上，英伟达正式发布一款全新的技术平台软件 Omniverse，主要用于工作流程中的虚拟世界模拟和协作。

实际上，在 2020 年秋季的 GTC 大会，英伟达就推出了 Omniverse 的公测版。经过一年多的市场打磨，英伟达根据收集到的用户反馈为产品做了进一步优化，于 2021 年正式发布了这款软件。

Omniverse 是英伟达工作体系中的集大成者，拥有多个不同的技术板块，用户可根据自己的需求选择不同的技术板块。

Omniverse Kit 集成了 AR、VR 和多 GPU 渲染等功能，采用 Cloud XR 技术，可以用于构建原生 Omniverse 应用程序和系统服务，允许用户使用个人 AR、VR 设备与其交互。

Omniverse VR 为用户提供虚拟摄像头服务，支持用户利用 ios 和 Android 设备进行 AR 实时光线全景追踪。

Omniverse Farm 允许团队同时使用多个服务器，支持数据合成和文件转换

功能。

Omniverse Showroom 则支持非专业人员进行操作演示，体验平台的各种专业渲染功能。

在 Omniverse 的多个子平台中，用户数量最多、适用范围最广的是 Omniverse Avatar，用于生成可交互式 AI 虚拟形象。其它的子平台还有 Omniverse Replicator 等。

Omniverse Avatar 可以根据不同企业需求定制专属 AI 虚拟形象，帮助企业处理诸如订单、交易等各类指令，是 AI 助手的前身，如图 7-2 所示。例如用于客户支持的平台软件 Project Tokkio、车载 AI 助手 Concierge 及线上会议软件 Project Maxine 都应用了 Omniverse Avatar。

图 7-2　Omniverse Avatar AI 虚拟形象

而 Omniverse Replicator 则用于生成训练 AI 的合成数据。基于此功能，英伟达考虑进军自动驾驶汽车领域，利用数字孪生技术在虚拟世界训练 AI 驾驶，待深度神经网络数据收集完成，在现实世界就可投入生产。英伟达暂时计划于 2022 年正式上线该引擎。

在英伟达 Omniverse 平台的帮助下，全球制造业企业都将迎来元宇宙的春天，他们的工作效率将会提升到一个崭新的高度。Omniverse 助力企业制造不再是一句口号，它将成为助力企业进军元宇宙的有力工具。

7.4 商业机会：提供个性化的生产管理方案

元宇宙的本质是开放的、去中心化的，它为每一位用户、每一个企业都提供了发挥个性与创意的空间。借助数字孪生、大数据、云计算等技术，元宇宙为产业优化提供个性化的生产管理方案，在虚实结合之间，挖掘新的商业机会，构建新的商业模式。

7.4.1 聚焦农业生产需求，打造全套智慧化生产系统

无论时代怎样变迁，农业始终是关系到人类生存的重要产业。只有吃饱穿暖，人类才有多余精力去研发科技、探索环境、改变世界。

在传统农业生产中，农民靠天吃饭。在种植业，若是一年无雨，种植户可能就颗粒无收。在畜牧业，牲畜的一场小型流感就可能使一个地区所有养殖户在经济上损失惨重。随着时代的发展，科技的进步，现代农业已经摆脱了传统农业对自然的依赖，并逐渐减小对人的依赖，向智慧农业的方向前进。

为了实现智慧农业这一目标，精细化、智能化的生产管理必不可少。如今，种植业，农作物种植都是规模化的，便于机器设备进场作业。而越是规模化的种植就越需要精细化的管理，否则一旦管理出现细微失误，就会造成巨大损失，因此智慧化生产系统应运而生。

智慧化生产系统以信息化技术为支撑，能够准确评估各类农作物的最佳生长条件，并进行自动化调控。同时种植户可使用手机等设备进行远程操控，双重保障满足农作物正常生长的环境需求。同时智慧化生产系统会将收集的各项数据上传到云端，各地专家都可以根据数据为种植户提供专业指导。

例如苏州市农村改革试验区围绕稻麦等粮食作物生产，运用数字孪生、大数据、智能算法等技术手段，辅以无人机、自动灌溉机等装备，打造了全套智慧化生产系统，如图 7-3 所示。种植户在家就可以随时观察作物的长势情况，同时该系统还会对潜在风险做出预测，一举打破农业生产中的信息壁垒，建立以大数据为核心的智慧农业体系。

智慧化生产系统在养殖业中也得以很好地应用。苏州是"鱼米之乡"，在水产养殖中，智慧化生产系统通过对水质的监测和管理，大大优化了水质质量。同时基于传统的"桑基鱼塘"养殖模式进行系统管理优化，促进了作物和水产的产量、品质的同步增长。

图 7-3　苏州智慧化生产系统无人机试飞

科技改变生活。智慧化生产系统的推行大大加快了向智慧农业转型，不仅提高了农民的收入，改善了他们的生活，还加快了人类迈向农业元宇宙的进程。

7.4.2　聚焦企业生产需求，搭建可视化协作空间

在传统的企业生产流程中，各个环节之间存在着一定的沟通问题。例如，软件开发人员手中的任务堆积如山，客户的需求依旧源源不断，软件测试人员却无事可做。管理人员无法直接跟踪、查看每一个环节，无法落实生产流程中的细节，这是传统企业生产流程中最大的弊端。

可视化协作空间的出现打破了这一困境。可视化协作空间利用数字孪生、大数据、云计算等技术,搭建所有项目人员都可以使用的合作平台,实现了开放共享、协作共建的项目生态。

可视化协作空间的四个主要支点是:客户需求为核心;任务目标为导向;生产流程为基础;管理控制为手段。

1. 要以客户需求为核心

因为客户需求多变,企业提交的每一版本方案都可能与客户需求存在差距,而多次方案提交、被否的循环大大浪费了企业的时间、人力成本。可视化协作空间为客户与企业提供了直接交流的平台,双方都可以互相查看对方需求和方案,节约时间,缩短了项目周期。

2. 要以任务目标为导向

因为一个清晰、准确的任务目标确定了企业发展的方向,时刻激励员工为之努力。有了明确的任务目标,就确定了产品的要求、项目完成的时间和成本,同时有助于员工之间建立更加紧密的联系。

3. 要以生产流程为基础

生产流程对产品的生产十分重要,企业要依据实际情况及时对生产流程环节进行调整,确保产品顺利产出。

4. 要以管理控制为手段

因为好的管理控制手段会使员工始终与企业站在同一战线,为了共同的目标而努力。

可视化协作空间的搭建旨在建立一个平等开放、直观便捷的协作平台,无论是企业还是客户都可以利用此平台节约成本、提高收益,最终实现开放共享、协作共建的项目生态。

7.4.3　数字化工厂方案交付，助力企业数字化转型

当前产业数字化、互联网化是大势所趋，传统工业也在进行企业数字化转型。工业互联网的降本增效初见成效，数字化工厂直击传统工厂中的痛点，成为企业数字化转型的主要方向。

传统工厂信息化程度不足、技术沉淀薄弱，在互联网时代面临诸多痛点。首先，工厂生产设备过多，设备种类冗杂，日常维护成本和使用成本都较高。其次，工厂生产管理系统粗放，各环节之间不公开透明，导致产品质量不一，影响产品销售和企业形象。最后，工厂产品同质化严重，无法满足客户个性化需求，随时会被市场淘汰。

而数字化工厂的出现，直击传统工厂痛点，破局企业数字化转型困境。数字化工厂以数据为核心激发企业数字化进程；利用 AR 实时全景技术追踪潜在生产风险，加强生产管理和服务；通过数字孪生技术镜像生产流程，提高生产可控性，并收集数据反馈建立动态模型，合理调控生产进度。

例如知名文具品牌得力，就曾面临企业内部交流沟通不畅，管理效率低下；生产问题频发，返工率居高不下；产品质量不一，责任标准划分不明；纸质文档杂乱无章，信息管理毫无章程等传统工厂的典型问题。

为了打破这种困局，得力大刀阔斧地进行了企业数字化改革，从生产环节透明、监控生产流程、智能分析反馈三个维度打造得力数字化工厂。得力数字化工厂通过建设自动化生产线，打造数字孪生虚拟还原生产流程，对生产车间进行了全方位信息化管理。这一系列量身打造的改革最终使得力重焕生机，成功完成了企业数字化转型这一进程。相信在不久的未来，还会有更多企业像得力一样，建设数字化工厂，助力企业数字化转型。

第8章

广告营销+元宇宙：数字营销迎来新变革

随着时代的发展，体验经济模式进入新的阶段。消费者不再只是单纯的商品购买方，品牌与消费者的单向互动借由元宇宙数字营销变为了双向互动，这种动态的关系需要线上、线下共同维持。这就促使品牌方需要运用新的手段，将与自身产品密切相关的体验真实还原、融合到一个新的生态系统中，以供消费者体验。这个新的生态系统就是元宇宙，品牌所使用的新手段就是数字营销。

8.1 数字广告迎来新机遇

数字时代的到来驱使各行各业都加快了产业数字化的进程。作为常见营销方式之一的数字广告也借由元宇宙发展所带来的高新技术迎来了新的机遇。在营销风口下，虚拟现实技术与传统数字广告相结合，传统的广告主体虚拟化，虚拟偶像成为广告圈新宠。现实中的广告场景迁移进无所不能的元宇宙中，数字广告焕发出新的生机。

8.1.1 营销风口下，元宇宙逐渐入侵广告圈

元宇宙与广告的结合，并非简单地在元宇宙世界的公路旁立起一块广告牌，否则那与现实世界的广告又有何不同？

广告的本质在于提供信息，无论什么形式的广告都需要满足这一根本命题：在将商品广而告之的同时兼顾消费者的观感和体验。广告从平面的传单到立体的动画，从简单的声波到高级的音效，在发展过程中，广告不断地打破信息边界，以寻找出路、适应消费者的需求变化。

元宇宙时代的来临为广告提供了新的发展空间，为广告业带来了一场巨大的变革。例如京东新推出的"元宇宙家电"广告宣传片（如图 8-1 所示），利用 AR 增强现实、MR 混合现实等技术，采用真人实拍和虚拟场景构建的拍摄手法，成功打造出京东"超 New 小家电"的世界观。

广告的故事情节很简单，讲的是一对夫妻因为做家务争吵，意外被京东"超 New 魔方"带入元宇宙。在这里，他们看到了全自动免洗破壁机、流出滚烫瀑布的加热净水器、清洁能力一流的扫地机器人等神奇家电。观看了这支广告宣传片的观众纷纷表示被里面的创意所震撼，同时也表示他们看到了元宇宙小家电智能化的发展趋势，认为未来京东在家电领域会大有作为。

图 8-1　京东"元宇宙家电"广告宣传片

元宇宙所带来的高新技术是在传统广告原有的基础上赋能，使之"活"过来。传统广告借助互联网时代的技术，例如色彩渲染、电脑特效、立体回响音频等，将更早时期的吆喝、传单变为大屏幕上精致、酷炫的广告。但这样的广告终究与消费者有距离，而在元宇宙广告中，消费者可以借助 AR、VR 等技术，在虚实结合之间获得广告宣传商品的真实体验，而这也正是元宇宙广告的意义。

8.1.2　商品变革，广告主体变为虚拟商品

元宇宙带来的不仅是广告形式的变化，还有广告主体的变化。现实世界中的商品需要做广告宣传，元宇宙中的虚拟商品也同样需要。

元宇宙中的每位用户都是独一无二的存在，他们若想维持独一无二的特征，就要像在现实世界中一样，购买服装、饰品等包装自己，凸显自己的个性。因此各个品牌纷纷行动起来，试图抓住元宇宙广告变革的契机，打入元宇宙市场。

例如，近日雅诗兰黛宣布将推出首个元宇宙产品——NFT 小棕瓶。作为元宇宙 Decentraland 时装周的独家美妆品牌合作伙伴，雅诗兰黛抓住了进军元宇宙的关键突破点。雅诗兰黛官方推出 NFT 小棕瓶的广告宣传片，并宣称：NFT 小棕瓶限量 1 万份，用户可免费领取。元宇宙中的用户使用 NFT 小棕瓶之后，其效果同现实世界中的雅诗兰黛小棕瓶一样，会使得用户容光焕发。

众多元宇宙用户对 NFT 小棕瓶倍感期待，纷纷表示一定会去参加 Decentraland 时装周，而线下的雅诗兰黛小棕瓶销量也节节攀升。

像雅诗兰黛一样在元宇宙中为虚拟商品做广告的还有欧莱雅、自然堂等国内外知名美妆品牌。这些美妆品牌领域的佼佼者敏锐地察觉到了元宇宙时代虚拟商品未来发展的火爆趋势，因此，对于他们来说，为虚拟商品量身打造虚拟广告吸引消费者刻不容缓。依托于区块链、云计算、AR、VR 等技术，各种五花八门的虚拟广告横空出世，品牌如愿吸引到了众多消费者的目光。

数据显示，消费者在美妆和奢侈品领域虚拟商品的需求预计将会得到进一步增长，到 2030 年，虚拟商品将为美妆和奢侈品行业带来约 500 亿美元的收入，其中元宇宙虚拟广告功不可没。

8.1.3　场景拓展，将广告场景搬进元宇宙

元宇宙是开放的、去中心化的虚拟世界。在元宇宙中，天马行空的梦想不再遥不可及，鱼可以飞上天空，鸟可以在水中翱翔，消费者不用购买广告中的商品，也可以直接让消费者体验。AR、VR、大数据等技术的支持，让曾经虚构的广告场景在元宇宙中变为现实。

得益于元宇宙的发展，传统的建模、特效等 3D 技术构建质量有了显著提升，原本一些网络广告宣传片中存在的"抠图""背景板""模型失真"等问题得到了很好的解决，片中的人物、场景得以高度还原。色彩渲染、顶级特效等技术的应用，让元宇宙中的广告宣传片摇身一变，成为一场视听盛宴。AR 增强现实、VR 虚拟现实、MR 混合现实等技术的支持，让这场视听盛宴再度升级为可互动的沉浸式享受体验。元宇宙广告因此名声大噪，吸引了众多品牌和消费者的青睐。

例如 2021 年 12 月 31 日跨年夜,腾讯音乐娱乐集团举办了国内首个虚拟音乐嘉年华 TMELAND。跨年夜当晚，TMELAND 不仅请到了国际知名 DJ Vicetone、Luminn 等音乐人为虚拟会场点燃气氛，还请来了不少知名视觉艺术家在 TMELAND 利用 VR、AR、3D 建模等技术，辅以特效灯光、音响等设备，为观众和嘉宾开启了一个虚实结合的"超现实"元宇宙时空，如图 8-2 所示。

这场虚拟跨年音乐节是国内"音乐元宇宙 IP"的首秀，获得了空前的成功。QQ 音乐、酷狗音乐、腾讯视频等腾讯音乐娱乐集团旗下的娱乐软件注册、使用人数大涨，会员购买量也随之水涨船高。腾讯音乐娱乐集团不仅收获了经济效益，还收获了更高的知名度，更多品牌和消费者也通过这次虚拟音乐节感受到了元宇

宙营销的力量。

图 8-2　TMELAND 虚拟跨年音乐节现场

8.1.4　CBA 新赛季引入虚拟广告，开启广告元宇宙时代

CBA（中国职业篮球联赛）是深受篮球球迷关注的一项重要赛事。除了篮球球迷对此赛事十分关注以外，一些互联网和营销行业的厂商们也对此赛事颇为在意，因为这是国内第一次在体育赛事中应用虚拟广告。中国移动咪咕、深圳喜悦机器人和美国 TwoGrains 公司携手开启广告元宇宙时代。

中国移动咪咕是 CBA 联赛及《全明星周末》互联网转播、IPTV 转播独家运营商。它是 CBA 数字媒体战略级合作伙伴，拥有 5G 联合实验室，独家 4K、8K、VR 等核心技术。基于此，中国移动咪咕可以为广大观众打造一站式畅想的篮球观赛主场。

在以往的 CBA 联赛中，传统的广告往往呈现在场地周围的围挡上，广告商认为显眼的位置会引来观众的注意，进而提升品牌知名度。然而在比赛过程中，观众的目光往往会跟随运动员的身影在场地中移动，鲜少注意围挡上的广告。另外，由于 CBA 新赛季的场次缩减，广告曝光次数随之减少，广告商的收入也大不如前。

因此，中国移动咪咕携手深圳喜悦机器人和美国 TwoGrains 公司对 CBA 广告模式进行全面升级。它们创新性地依托虚拟现实技术，不需要额外的广告屏幕、投影仪等设备，将广告投映在比赛场地中，这样既不会干扰运动员比赛，又能够最大程度地吸引观众的注意。

虚拟广告除了适用于大型体育赛事以外，还适用于一场赛事有多个广告位、多个广告商的情况。在不需要进行场地变动的情况下，可利用虚拟现实技术轮番进行虚拟广告投影，精准投放广告。在未来，这种虚拟广告投放的方式或许会成为广告商的主流选择。

8.2　动作不断，多品牌布局元宇宙营销

2021年是元宇宙的元年，2022年是元宇宙的体验年。品牌的嗅觉往往要比普通人更加敏锐。各行各业都试图在元宇宙的体验经济中分一杯羹，各大品牌纷纷布局元宇宙，展开了新一轮的元宇宙营销竞赛。

8.2.1　结合游戏，将营销活动搬进虚拟世界

现实世界中与元宇宙最接近的行业无疑是游戏。游戏种类繁多，老少皆宜，受众范围极广，是各大品牌开展营销活动的理想领域。

例如知名汽车企业起亚与 Petfinder 宠物基金会联合推出一款 AR 游戏——Robo Dogmented Reality。这是一款基于 8th Wall 的 AR 技术的游戏，玩家只需扫描游戏首页的二维码，即可启动一只名为"Robo Dog"的虚拟机器狗。在游戏内，玩家不仅可以照顾这只虚拟机器狗吃饭、喝水，还可以与它一起散步、玩耍。由于 AR 技术的加持，消费者在游戏内会拥有逼真的沉浸式互动体验。通过这款游戏可以帮助推广宠物领养系统。

除了起亚使用 AR 技术推广游戏外，还有很多品牌利用元宇宙游戏推广自己

的商品。例如 Gucci 就推出了一款虚拟运动鞋。消费者购买后不仅可以在 Gucci App 和元宇宙社交平台 VRCHAT 中使用，还可以在游戏平台 Roblox 中自由穿搭，体验穿着 GUCCI 在游戏中尽情奔跑的乐趣。

在元宇宙中，结合游戏进行品牌营销，是品牌与游戏的双向选择，可以实现双赢。品牌需要借助游戏的高端技术，例如精致的建模、酷炫的色彩渲染、AR、VR 技术等，以此开展营销活动。这些现成资源极大地减少了品牌的营销成本。而游戏也需要通过品牌的营销，为自己带来热度，吸引新玩家，创造更大的收益。

或许未来将会有更多的品牌选择利用游戏在元宇宙进行虚拟营销活动，将现实中的广告投放等营销方式转移到元宇宙中，实现品牌与游戏的共赢。

8.2.2 聚焦 AR，打造虚实结合的营销场景

传统的营销场景要么是营业员干巴巴地解说，消费者毫无兴趣；要么是稀奇古怪的广告宣传片，消费者不知所云。无论哪一种形式，都无法给消费者直观、真实的体验。而随着元宇宙的概念渐渐普及，AR 增强现实技术出现在大众视野里。品牌意识到，利用 AR 技术打造出的虚实结合营销场景可以完美解决传统营销中的问题。

例如，知名家电品牌海尔携手黑晶科技，利用 AR 技术为新产品卡萨帝冰箱推出了一款体验 App。其内含虚实结合、离线场景、在线场景三种体验功能，全方位展现卡萨帝冰箱的性能。

卡萨帝冰箱应用的多种新技术虽然高端、前卫，但对于非专业人士的消费者而言，传统的营销讲解和文字、图画展示并不足以让他们了解到卡萨帝冰箱的优越性能。黑晶科技选用 AR 识别技术，消费者只需要手机扫码，手机就会呈现演示视频，消费者可通过点触的形式与视频互动，如图 8-3 所示。虚实结合间，让消费者亲自体验卡萨帝冰箱的独特之处，减少营销人员单向输出，增强消费者体

验感。

此外，借助 AR 全景技术，消费者可以将卡萨帝冰箱与中式、美式等七大常见装修风格进行搭配。在 App 中完美还原家装体验，既增强了 App 互动的趣味性，又可以让消费者在互动中找到满意的卡萨帝冰箱型号和颜色。

如今，像海尔一样利用 AR 技术打造虚实结合营销场景的品牌不在少数。通过 AR 营销，打造可交互的沉浸式营销场景，不仅大大降低了营销成本，同时还增加了消费者与品牌的双向互动，进一步助力品牌营销。

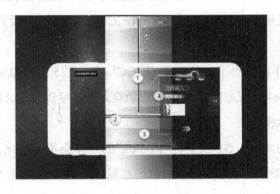

图 8-3　卡萨帝冰箱 AR 互动界面

8.2.3　GUCCI 发力，借 Roblox 进行全方位元宇宙营销

虽然目前元宇宙的发展如日中天，但元宇宙市场现在还有待开发。各大品牌摩拳擦掌，跃跃欲试。这其中就包括著名奢侈品品牌 GUCCI。

2021 年是元宇宙的元年，也是 GUCCI 成立 100 周年。借此时机，GUCCI 携手 Roblox 推出了为期两周的沉浸式体验活动——GUCCI Garden Archetypes，该活动免费向大众开放。

该沉浸式体验活动的场景是意大利佛罗伦萨的 GUCCI Garden，玩家将在原型花园中进行探索、互动，寻找 GUCCI 产品设计的灵感来源。除此之外，玩家还可以进入花园中的不同房间，感受 GUCCI 在不同主题中的设计变化。

GUCCI Garden Archetypes 体验活动在两周的时间内吸引了众多玩家，许多玩家在体验过后都表示对于 GUCCI 的了解不再只停留于昂贵的价格层面，而是更多地了解到其背后的故事。

GUCCI Garden Archetypes 虽然结束了，但 GUCCI 与 Roblox 的合作却得到了进一步的深化。Roblox 与英国时装协会联合设立了一个服装奖项新类别：Metaverse Design。该奖项的设立主要用于鼓励在元宇宙服装设计中做出突出贡献的品牌或个人。其颁奖嘉宾的原型来自 GUCCI 在 Roblox 中设计的胶囊系列虚拟形象。

此外，GUCCI 还推出了一款名为 GUCCI Virtual 25 的虚拟运动鞋，其售价仅为 12.99 美元。Roblox 玩家购买该虚拟运动鞋之后，可以在 Roblox 平台的游戏中进行自由穿搭，标榜个性。

随着元宇宙的发展，GUCCI 与 Roblox 的合作会不断强化。GUCCI 将利用 Roblox 提供的虚拟平台抢先在元宇宙市场布局，在 NFT 领域占有一席之地，完成线下品牌向元宇宙进军的宏大愿景。

8.3 商业机会：聚焦营销细分领域

元宇宙为营销行业提供的发展空间是全方位的、多领域的。合理的营销战略会运用恰当的技术手段，聚焦最吸引消费者的目标领域，为其提供个性化的、定制化的沉浸式体验服务。例如在文创、广告代言等领域，品牌都可以开展创新、个性的定制化营销活动。

8.3.1 创新品牌 IP，打造数字藏品

IP 营销的商业逻辑是品牌与 IP 捆绑，IP 通过输出内容表达品牌的价值观，消费者认可品牌价值观，就会进一步信任品牌的产品。在竞争激烈的市场中，品牌只需要构建一个成功的 IP 就可以在市场中站稳脚跟。例如米其林的轮胎人 Bibendum，他于 1898 年出现在米其林各大海报上，如图 8-4 所示。历经百余年，这个轮胎人的形象一直沿用至今。

图 8-4　Bibendum 的第一张海报

像米其林这样通过打造拟人化的"吉祥物"作为品牌 IP 的企业还有很多，例如七喜汽水的 Fido Dido、M&M 巧克力豆的小公仔等。品牌还为他们推出了系列漫画和动画，进一步丰富了他们的形象。这种构建品牌 IP 的方法在过去深受品牌青睐。

而到了元宇宙时代，打造数字藏品成为创新品牌 IP 的主流选择。例如在 2021 年的双十一购物狂欢节中，三国杀、仙剑奇侠传等知名 IP 纷纷顺应时代潮流，推出数字藏品。这些数字藏品同现实世界中的物理藏品一样，每一款都有独一无二的编号，保障其自身价值和消费者的利益。

数字藏品并不是简单的图片或视频文件，而是基于区块链技术打造，确保其非同质性，同时应用了 3D 立体建模、色彩渲染等技术，设计感十足。通过 VR、AR 等技术，消费者可与购买的数字藏品进行互动。数字藏品是真实存在于虚拟世界的数字艺术品，每个数字藏品都有独一无二的价值。

相关市场研究报告显示，悦己是元宇宙世代消费者消费的主要原因之一。这些以年轻人为主的消费群体往往追求个性和创新性。

传统品牌 IP 发售数字藏品，一方面满足了元宇宙时代消费者追求个性、新颖的购买体验的需求，另一方面在数字藏品蓬勃发展的当下，传统品牌 IP 需要布局相关产品，用数字藏品优化原有 IP，以适应不断变化的市场。

8.3.2　以虚拟数字人技术，助力品牌打造虚拟代言人

元宇宙概念火热兴起，给人们的生活带来巨大的变化，而变化背后，是高新技术的支持。元宇宙品牌代言人的出现，同样与这些高新技术密不可分。

传统品牌代言人通常是现实世界中的知名演员、明星，他们拥有粉丝基础，在流量为王的互联网时代拥有极大的优势。然而在优势的背后却是不容忽视的弊端：大量明星、演员"人设翻车"。一旦品牌代言人"人设翻车"，品牌的收益和形象都会遭受损失。

虚拟数字人技术的应用，完美解决了这个问题。虚拟数字人的实质是以数据为基础，利用 VR、AR、3D 立体建模、实时全景追踪等虚拟现实技术构造而成的虚拟角色，虚拟数字人没有个性优劣之分，不存在"人设翻车"问题。同时，其个性化的形象，可以与消费者进行沉浸式互动等优势，使得虚拟数字人一经诞生，就立刻吸引了众多消费者关注。

例如知名洗护品牌润发就邀请了虚拟国风少女"翎 LING"担任其品牌代言人，如图 8-5 所示。"翎 LING"乌黑、飘逸的长发完美契合润发"崇尚自然健康，

使用天然产品护发"的品牌理念。润发还为"翎 LING"推出一支广告宣传片，带领消费者探寻润发绿色无污染的原材料基地。"翎 LING"作为润发品牌代言人获得了消费者的一致好评，一时之间，洗护界掀起了虚拟数字代言人的热潮。

图 8-5　润发品牌代言人"翎 LING"海报

以虚拟数字人为品牌代言人的品牌迅速在元宇宙世代消费者中赢得热度，并且在众多平台都衍生出相关虚拟现实视频。例如，虚拟网红"柳夜熙"是一位美妆博主，她的视频打破了现实与虚拟的界限，成功出圈。

随着元宇宙的爆火，虚拟数字人为品牌代言人选提供了更多选择。虚拟数字人的概念及元宇宙概念产品都在为元宇宙的进一步发展和品牌的可能性探索提供支持。

8.3.3　搭建 NFT 平台，赋能品牌 NFT 铸造

在元宇宙的时代背景下，万物皆可 NFT 化，艺术品 NFT、音乐 NFT、盲盒 NFT 等现实商品 NFT 化已经变为现实。众多品牌和 IP 都加入了这场 NFT 浪潮，NFT 的未来形势一片大好。

NFT 作为一种非同质化通证，它在保证商品流通互动性的同时，基于区块链技术保证商品的所有权不会被破坏，每一次交易在链上都可回溯追踪。因此，NFT

天生就有防伪的特性，每一个 NFT 商品都是独一无二的，这保障了其稀缺性商业价值。

NFT 商品大受消费者欢迎，NFT 平台也随之不断发展。作为国内知名 NFT 平台，NFT 中国以实现让人人都可以在区块链上自由创作的愿景为目标，吸引了众多品牌和个人参与其中，在 NFT 业界发展态势惊人。

NFT 中国在成立之前，对全球 NFT 平台进行了完备调研，直击业内交易痛点，搭建了一个功能更为完善的交易平台。一方面，NFT 中国率先采用 layer2 技术，将用户交易手续费降低 95%，仅为 33 元；另一方面，NFT 中国在审核端调入百度图片、Google 图片等识别接口，并添加人工审核岗位，坚决打击盗版。这一系列举措驱使平台创作导向正向循环，维护原创风气，保护用户的合法权益与 NFT 商品的稀缺性商业价值。

此外，NFT 中国基于开放的、去中心化的元宇宙理念，并不会独占商品曝光渠道。它会在 OpenSea、Rarible 等各大 NFT 平台同步发售作品，以达到最大曝光度，获取最大收益。

平台基础完善后，NFT 中国在内容架构层面加大纵深力度，推出星链计划。星链计划是指 NFT 中国利用平台优势面向全球招募艺术人才，在运营层面为人才提供有力支持，营造良好的创作氛围。基于 NFT 中国的种种策略，目前 NFT 中国已经拥有了众多用户，实现了运转良好的正向盈利。

同时，NFT 中国也在布局元宇宙生态，例如组织技术团队筹备 VR 博物馆计划，每一款展品都搭配 NFT 加密芯片 NFTCN chips。NFTCN chips 会植入展品实物中，用户使用手机触碰展品实物，即可将展品对应的数字形象展示到自己的 VR 元宇宙藏品室中。利用这项技术，NFT 中国令每一位用户都拥有了属于自己的元宇宙藏品室。

第9章

政府服务+元宇宙：数字政务驶入元宇宙

元宇宙爆发之后，迅速在各领域蔓延开来，在政府服务领域也有了深入渗透。2022 年年初，全国已经有多个城市先后表明将布局元宇宙赛道，呈现出长三角地区"抢跑"，多个地区紧随其后的态势。各地政府的表态释放了元宇宙发展的有利信号，成为诸多企业入局元宇宙的定心丸。

9.1 元宇宙或将成为智慧城市下一阶段

以长远眼光来看，元宇宙的发展不仅可以推动政府服务的数字化转型，还可以为智慧城市的建设添砖加瓦。当前，很多城市正在通过数字化技术、虚拟现实技术等优化城市运营，在这个过程中，元宇宙将成为搭建智慧城市的重要支撑。

9.1.1 赋能智慧城市，让虚拟融入现实

随着虚拟现实、数字孪生等技术的发展，智慧城市逐渐崛起。而在元宇宙到来的新时代，在众多先进技术的共同支撑下，智慧城市也将迎来快速发展的新时期。

虚拟现实技术的出现让智慧城市找到了发力点。虚拟现实技术集成了计算机图形学、人工智能、多传感器、三维空间成像等方面的技术，能够呈现动态的、实时的三维场景。凭借虚拟现实技术，智慧城市也能够实现城市景观、城市环境信息在虚拟世界的全面展示。

而数字孪生技术能够根据现实城市中的诸多信息要素，创造出一个 1:1 映射的数字世界，通过三维实景技术、物联网技术、人工智能技术等实现现实世界与数字世界的联动。以城市管理为例，数字孪生系统可以洞察城市运营数据、分析城市运营现状，并做出科学决策。其本质是凭借模拟仿真、机器学习等技术，结合城市运行状态，推演城市的运行规则，以科学预测实现超前处理决策。

融合多种先进技术的元宇宙为智慧城市的发展提供了更强大的驱动力。元宇宙能够虚拟重建现实世界，重现现实世界的环境、运行规则等，达到高度拟真模拟效果。同时，这个虚拟世界中也可以重现人与人之间的各种关系和活动，实现虚拟世界和现实世界的共生。

元宇宙能够实现更智慧的数字城市的搭建。当前，为了实现城市的智能管理，很多城市都打造了数字化的城市管理平台。但受限于当前技术单一的问题，平台在收集信息、分析信息的过程中往往会耗费较多时间，并且存在数据不及时、不准确等问题。而元宇宙能够打造出一个与现实共生、数据实时交互和实时分析的生态系统，不仅可以广泛收集海量数据，还可以实现数据的精确分析，为城市治理提供全面、准确的分析结果。

此外，完善的系统也可以实现整个城市的实时监控。一旦发现出现火灾、交通事故等意外状况，就会及时发出警报，并迅速根据智能分析提供有效的应急方案。这能够在很大程度上减少城市的损失、更快恢复城市的平稳运行。

9.1.2　力挺元宇宙，韩国政府打造元宇宙平台

在以元宇宙搭建智慧城市、推动政务改革方面，已经有态度积极的城市率先进行了探索。韩国的首尔就是其中的主要代表。

2021 年 11 月，韩国首尔宣布了一项在元宇宙中开展公共服务和文化活动的计划。该计划致力于让人们戴上 VR 眼镜后可以参观虚拟市政厅并处理各项事务，实现整个城市的智慧化管理。

根据该计划，韩国首尔市政府将在 2022 年末搭建自己的元宇宙平台，并预计在 2026 年投入运营。平台将承载诸多公共功能，如虚拟市长办公室、商业服务空间、金融科技孵化器、公共投资机构等。

此外，在该计划中，首尔市政府在教育、旅游、行政、办公等多个方面定下了不同的目标，目的是将人们生活的方方面面引入元宇宙中。该计划描绘了首尔未来的元宇宙生活。

在教育方面，首尔市政府将积极创建虚拟校园，提供各种沉浸式教学内容，如教学讲座、虚拟实验、就业指导等。在旅游方面，首尔将把光化门广场、南大门市场等著名景点打造成虚拟旅游景点。人们可以在虚拟景区中乘坐旅游巴士观光。

在行政方面，韩国首尔将通过 XR 技术升级城市管理，将民事投诉、咨询等公共服务迁移到元宇宙中，为人们提供更便捷的服务。同时，韩国首尔市政府还将创建虚拟市长办公室，开放政府与人们的沟通渠道。

此外，韩国首尔还计划将会议引入元宇宙中，在元宇宙中举办不同的会议活动。未来，韩国首尔市政府将推出智能办公室，智能虚拟数字人与政府工作人员协同办公将成为可能。

韩国首尔市政府将元宇宙作为未来建设城市的新方向，将以各种先进技术进一步满足人们的公共需求，提高人们的城市生活体验。同时，城市发展与元宇宙

的结合，也将助力首尔成为一个智慧、包容的城市。

9.2 持续升温，多地政府备战元宇宙

当前，我国的诸多城市都看到了元宇宙这一发展机遇，积极将元宇宙融入城市发展规划中。其中，北京、上海、浙江、江苏等地都进行了不同的布局。

9.2.1 北京：发布元宇宙相关措施

2022年1月，北京城市副中心产业高质量发展推进大会顺利召开。在会上，北京市通州区出台了系列发展政策，其中就包括与元宇宙相关的《关于加快北京城市副中心元宇宙创新引领发展的八条措施》（以下简称《措施》）。

该《措施》表示，未来将依托通州产业引导基金和其他社会资本，建立一个覆盖元宇宙产业各环节的基金，为元宇宙领域的创业项目、重大项目提供支持。同时会完善服务体系，支持设立其他元宇宙子基金。

在未来的发展中，北京市通州区将以元宇宙与文旅融合发展为内容特色，同时搭建创业中心与特色主题园区结合的元宇宙产业空间布局。在应用场景方面，其也会瞄准文旅领域，打造"实数融合的文旅新场景"。

为推进以上规划，北京市通州区与蓝色光标旗下品牌蓝色宇宙达成了合作。该公司将为北京市通州区的元宇宙建设提供虚拟直播间、虚拟形象、虚拟空间打造等方面的技术和资源。

北京作为我国的首都，拥有大量研究院、科技创新型企业，同时具有深厚的文化底蕴和完善的文化产业，在探索元宇宙方面具有得天独厚的优势。其对于元宇宙的探索，将为城市发展注入新的活力，进一步提升城市竞争力。

9.2.2 上海：将元宇宙写进十四五规划

2022 年 1 月，上海经信委召开会议，规划 2022 年的产业和信息化工作。会议表示将加快布局数字经济赛道的脚步，瞄准城市数字化转型，布局元宇宙赛道。

这并不是上海首次在工作会议中谈及元宇宙。2021 年 12 月，上海市委经济工作会议顺利召开，会议表明要"引导企业加紧研究未来虚拟世界与现实社会相交互的重要平台，适时布局切入"，这也表明了上海政府对元宇宙的积极态度。

随后，在 12 月末发布的《上海市电子信息制造业发展"十四五"规划》中，也表明上海将前瞻部署元宇宙、6G 通信等领域。同时，上海也支持满足元宇宙发展需求相关的图像引擎、区块链等技术的发展，鼓励元宇宙在公共服务、社交娱乐、工业制造等方面的应用。这是元宇宙首次被纳入地方"十四五"发展规划。

2022 年，上海将聚焦数字经济、元宇宙等发展方向，面向优秀企业征集创新产品和解决方案，并将其纳入《2022 年度上海网络安全产业创新攻关成果目录》。同时，在城市数字化转型等场景中也会积极推进这些创新产品和解决方案的应用。

9.2.3 浙江：加快元宇宙布局

浙江同样也是布局元宇宙的急先锋。在 2022 年 1 月的杭州市委十二届十四次全会上，杭州对于元宇宙的态度十分明确：要超前布局量子通信、元宇宙等产业，打造"全国数字经济第一城"。

此外，同样在 1 月初，浙江省数字经济发展领导小组办公室发布《关于浙江省未来产业先导区建设的指导意见》，将元宇宙和人工智能、区块链等先进技术并列，表明元宇宙是浙江未来产业布局的重要领域之一。浙江将在未来建设工作中积极搭建脑机协作、虚拟现实等领域的开放创新平台，推进技术创新。

事实上，在 2021 年 11 月，为了深入了解元宇宙概念，抓住元宇宙发展机遇，浙江省经信厅就组织了一场元宇宙产业发展座谈会。政府机构、学术领域和元宇宙相关企业的各方代表都出席了会议。与会嘉宾一致认为元宇宙是未来发展的趋势，存在巨大的想象空间，对未来经济的发展影响巨大。

未来，浙江将依托自身在虚拟形象打造、虚拟场景搭建、5G 云网、工业 XR 交互引擎等方面的研究和储备，推进元宇宙在城市建设中多领域的应用。

9.2.4 江苏：布局元宇宙生态产业示范区

2022 年 1 月 1 日，在 2022 太湖湾科创带滨湖创新大会上，江苏省无锡市滨湖区推出了《太湖湾科创带引领区元宇宙生态产业发展规划》，将通过科技创新服务体系、科创载体建设、人才安置工程三年行动计划等，打造元宇宙生态产业示范区。这意味着，江苏也加入了布局元宇宙的大军。

滨湖区将在未来在无锡先进技术研究院、国家超算中心等科研机构的支持下，进行先进技术理论和技术研究，同时加快元宇宙生态链企业的培育和引进，推进应用示范项目的发展。其目标是到 2025 年，基本形成企业集聚、标准完备的元宇宙产业生态，将元宇宙打造为滨湖名片。

具体而言，滨湖区将从以下方面推进元宇宙的落地。

（1）打造元宇宙核心产业区、元宇宙创新孵化园等基地，提高资源配置效率，构建元宇宙空间布局。

（2）引入元宇宙领军企业、培育元宇宙新兴企业，带动传统企业转型升级。同时促进产业融合，推动元宇宙聚集发展。

（3）搭建元宇宙研发机构，加强元宇宙相关技术研发，建设元宇宙标准体系。

（4）搭建元宇宙公共服务平台，建设元宇宙产业协会联盟，优化元宇宙发展生态。

（5）引进元宇宙专业人才，建立元宇宙人才培训体系。

（6）瞄准数字影视、数字文旅、社会治理等场景，推进元宇宙应用的落地，打造元宇宙典型场景。

在此之后，无锡围绕元宇宙还展开了一系列尝试，例如成立了无锡市元宇宙创新联盟、无锡市元宇宙产业园、无锡市元宇宙创新创业基地，举办长三角元宇宙创新创业大赛总决赛等。这些尝试大大提升了江苏布局元宇宙的实力，相信在未来，元宇宙将成为推进江苏经济发展的重要力量。

9.3　商业机会：把握时机，寻求政府合作

当前，各地政府都在积极布局元宇宙，其中也潜藏着巨大的商机。企业可以积极和政府合作，为政府服务提供必要的技术支持。

9.3.1　为政府政务赋能，助力元宇宙智慧城市打造

各地政府在落地元宇宙计划、推进元宇宙发展的过程中，往往会选择一些技术实力强劲的企业合作。科技企业可以借此机会，以自身先进技术为元宇宙智慧城市的打造赋能。

2022 年 3 月，开普云"政务元宇宙战略云发布会"顺利举办。发布会上，开普云董事长、总裁等公司领导先后致辞。其中，开普云董事长汪敏表示，公司成立至今，围绕互联网多模态内容建设和服务，推出了一系列的产品和技术，具备了涵盖内容生产、编辑、发布、审核、运营全流程的内容管理能力。公司具备的内容管理能力和元宇宙数字空间内容生产和运营能力可以实现自然过渡。由此，汪敏宣布公司将正式进军元宇宙，为政府向政务元宇宙转型提供支持。

在政务元宇宙方面，开普云以基础设施为出发点，提升自身在元宇宙身份中心、元宇宙服务中心、元宇宙治理中心等方面的基础能力。同时，运用这些能力，开普云将开放产品体系，携手合作伙伴，在政务、党建、教育等多个领域中发挥建设性作用。凭借自身在数字政务方面的优势，开普云已经服务了多家省、市级政府，并在数据智能化、政务公开、行政办事等应用方面积累了丰富的经验，沉淀了多方面的核心技术。

凭借以上积累，开普云顺利迈入元宇宙政务领域。当前，开普云和新华新媒达成战略合作，双方将搭建并持续运营"虚拟数字人智能生成与运营平台"，为政府、媒体等提供虚拟数字人生成、IP 运营等方面的服务。具体而言，其提供的服务包括为城市打造虚拟代言人、提供沉浸式政府服务体验、打造元宇宙服务大厅等。

未来，随着技术的发展，开普云将有望提供更智慧的服务，例如通过数字孪生技术打造镜像城市，赋能城市治理；以 XR 技术和设备增强政务服务的沉浸感；以虚拟数字人进行内容生产、展示等，使人们的生活更加便利。

9.3.2　提供元宇宙营销方案，助力政务信息宣传

除了从宏观层面赋能数字政务向元宇宙发展之外，企业还可以从细微处入手，为政府提供多样的元宇宙营销方案。当前，随着技术的进步，普法也不仅仅停留在发传单、拉横幅等常规宣传操作，而是在此基础上进行了创新。

在越来越多的人探索元宇宙的过程中，也出现了元宇宙诈骗现象，一些不法企业打着元宇宙的幌子进行违法活动，严重威胁到人们的财产安全。为了让更多人警惕元宇宙诈骗的风险，上海静安公安携手安慕希推出了像素风格的《诚言成语》系列节目（如图 9-1 所示），通过成语联想讲解元宇宙领域可能存在的陷阱。例如"调虎离山"——通过伪造数字藏品进行诈骗；"雁过拔毛"——通过吸引人

们加入不法组织谋取利益；"猴子捞月"——下载位置应用导致个人信息泄露。

图 9-1 《诚言成语》系列节目

该节目通过不同小动物表演的小故事揭示了元宇宙领域可能存在的陷阱，既十分具有警示意义，又充满趣味性。而这种像素风格的小故事更能吸引年轻用户群体的关注，这使得节目更具传播性，达到更好的传播效果。

除了《诚言成语》系列节目外，在此次反诈骗宣传活动中，安慕希还推出了一款元宇宙数字酸奶，如图 9-2 所示。在这些数字酸奶中，每瓶酸奶的瓶身都标有反诈宣传标语，限量 2 万份。活动期间，用户只需在安慕希和上海静安公安的公众号后台回复"反诈请注意"，即可随机抽取一款数字酸奶。

图 9-2 元宇宙数字酸奶

　　该活动很好地迎合了年轻用户群体的爱好，激起了更多人参与活动的热情，也大大推动了活动的二次传播，使得反诈宣传活动更加深入人心。

　　总体来看，该营销活动不仅紧跟当下时尚潮流，还洞察了元宇宙火热背景下大众的喜好。因此该活动一经推出，就实现了快速传播，也让该活动的发起者之一安慕希获得了更广泛的品牌推广。以上案例表明，除了技术支持之外，企业还可以从内容方面为政府活动的宣传提供支持。

第 10 章

社交活动+元宇宙：实现场所与内容多样化

随着技术的进步，社交的方式也在不断变化。通信技术和互联网的发展变革了传统的面对面交流方式，实现了社交方式从线下到线上的迁移。而元宇宙下的社交方式又实现了新的突破，带来了更丰富的社交场景和沉浸式的社交体验。

10.1 元宇宙概念成为社交发展新风口

元宇宙概念兴起之后，其影响力不断出圈，为社交领域的发展指出了新的方向。元宇宙社交能够带来用户身份、社交场景、社交玩法等多方面的重塑，打造沉浸式社交新生态。

10.1.1 元宇宙社交：现实社交活动在虚拟世界的重现

当前，伴随着技术的发展，社交网络变得越来越广阔，越来越智能，而元宇宙社交则描绘出了未来社交的一种模式。在元宇宙中，用户可以以虚拟化身与来自世界各地的朋友进行沉浸式交互。在实现语言、动作等多方面交互的基础上，用户还可以与朋友共同逛街、购物、玩游戏等，体验多样化的社交活动。

元宇宙社交能够突破当前各种社交软件带来的平面化的线上社交，弥补传统线上社交的缺陷。一方面，传统线上社交的互动性较差。用户往往通过文字、语音、视频等方式进行社交，互动方式单一，社交体验缺少线下社交的沉浸感。而元宇宙社交能够突破传统线上社交的交互限制，为用户提供自由活动的虚拟化身与自由探索的虚拟空间，带给用户沉浸式社交体验。

另一方面，传统线上社交的社交活动单一，社交内容有待提升。虽然一些社交软件在聊天功能的基础上开辟了游戏功能、购物功能等，允许用户在其中体验剧本杀、狼人杀等游戏，或进行线上购物，但社交内容仍显匮乏，许多线下社交场景并不能在线上实现。而元宇宙社交能够带来社交内容的突破，为用户提供海量社交内容。在元宇宙中，用户不仅可以复刻游戏城、酒吧、博物馆等线下存在的社交场景，还可以在虚拟世界中自由创造，创造出科技感十足的竞技类游戏、可容纳数千人的共享影音室等，不断拓宽虚拟社交场景。

社交场景的自由创建赋予了元宇宙更多现实意义。如果社交场景不具备可创造性，那么元宇宙社交平台只是一个升级版的沉浸式社交平台。只有实现了更多社交场景的搭建，才能够实现更多的拟真社交功能，并带来商务社交、服务性社交等更多场景在元宇宙中落地的可能。随着元宇宙社交功能的完善，除了个人用户外，企业也可以将更多的商务社交场景搬进元宇宙中。

10.1.2　玩法与体验创新，打造社交新生态

元宇宙社交能够实现社交玩法与体验的革新。当前，已经有一些展现元宇宙社交雏形的产品从多角度进行了元宇宙社交方面的探索，如图 10-1 所示。

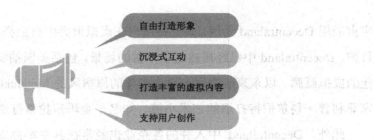

图 10-1　探索元宇宙社交的四个方面

1. 自由打造形象

打造虚拟形象是实现元宇宙社交的必要因素。当前，已经有不少元宇宙社交软件实现了用户虚拟形象的个性化打造。

以元宇宙社交应用 Soul 为例，其支持用户借助平台自带系统打造虚拟形象。这套系统的自定义程度很高，仅眼镜就有数十种形状和颜色，可以手动调节各种数值。为了为用户提供多样的个性化形象，Soul 上线了"个性商城"版块，并邀请平台技术高超的捏脸师们上传虚拟形象并出售。截至 2022 年 6 月，平台中已经有近百名捏脸师入驻个性商城，并上架了超过 13 000 个原创虚拟头像。

2. 沉浸式互动

沉浸式互动是元宇宙社交必备的功能之一。借助各种 VR 设备，一些元宇宙社交平台实现了沉浸式互动。

以 Meta 推出的 VR 社交平台 Horizon Worlds 为例，用户登录平台后，会获得自己的虚拟化身，并可以定义化身的身体、外貌、头发、服饰等。依托 VR 设备，用户可以在平台打造的虚拟世界中自由地与其他用户沟通互动，可以前往不同虚拟空间中旅行、与朋友举办虚拟派对、体验各种沉浸式游戏等。

3. 打造丰富的虚拟内容

在元宇宙中，丰富的虚拟内容能够为元宇宙社交提供多样的社交场景。以元宇宙应用 Decentraland 为例，其支持用户在虚拟世界中自由搭建各种建筑或景观。目前，Decentraland 中已经搭建起了丰富的场景，包括英国拍卖行苏富比在其中搭建的虚拟画廊、以东京购物区为原型搭建的原宿风的 Metajuku 虚拟购物区、艺术家菲利普·科尔伯特打造的艺术小镇、知名车企玛莎拉蒂打造的虚拟展厅等。

此外，Decentraland 中入驻的各企业也经常在其中举办虚拟展览会、虚拟音乐会、虚拟时装周等。这些丰富的虚拟内容为用户提供了多样化的社交场景。

4．支持用户创作

支持用户创作也是元宇宙社交需要实现的重要功能。元宇宙社交场景得到不断拓展，用户的虚拟社交体验才能够更加丰富。在这方面，不少元宇宙社交应用都支持用户在平台中开辟新的社交场景。

以 Horizon Worlds 为例，其支持充满创意的创作者在平台中进行创作活动。同时，为了鼓励创作者，其推出了一项 1 000 万美元的创作者基金。为进行元宇宙体验内容创作的创作者提供资金、为表现优异的创作者发放奖金。

10.2 新产品频出，社交元宇宙成为布局新赛道

伴随着元宇宙的发展，社交形态也发生了转变，精细化捏脸、沉浸式 K 歌等多样社交玩法层出不穷。在这一趋势下，互联网大厂纷纷入局，推出了自己的元宇宙社交产品。

10.2.1 字节跳动：以派对岛探索社交路径

受益元宇宙概念，Roblox 市值大涨，Meta 和微软的市值分别突破 1 万亿和 2

万亿的门槛。这些事件让更多企业看到了元宇宙中存在的机会，纷纷涌入元宇宙赛道，以新产品布局元宇宙细分领域。

在这方面，字节跳动推出了元宇宙社交产品派对岛。派对岛是一个实景化的线上活动社区，能够为用户带来具有沉浸感的实时交互社交体验。在虚拟社区中，用户可以借助自己的虚拟化身自由探索，和朋友一起闲逛，实时互动聊天或共同参与线上活动等。

当前，派对岛已经进入测试阶段，获得邀请码的用户可以通过抖音账号、手机号等登录平台。登录成功后，用户需要创建自己的虚拟身份，并可以根据自己的喜好进行装扮。虚拟身份创建成功后，用户便可以在其中体验多样的社交活动，如聊天、观影、学习等。

此外，派对岛中还有多样的派对活动，为用户提供多样的社交场景。例如，在音乐派对中，用户可以以虚拟形象进入音乐会现场，获得沉浸式的视听体验，还能够与其他用户互动、聊天等，获得更真实的娱乐体验。

该产品的出现表明了字节跳动在社交元宇宙方面的探索，尝试借元宇宙概念探索社交新形式。伴随着产品功能的不断完善，派对岛有望为用户提供一种元宇宙社交的新奇体验。

10.2.2　奇虎 360：以"N 世界"探索元宇宙社交

自元宇宙火热以来，微软、Meta、字节跳动等互联网大厂都在积极布局元宇宙社交，对于这一机遇，奇虎 360 自然也不想错过。2022 年 4 月，奇虎 360 旗下的元宇宙社交产品"N 世界"上线运营，成为奇虎 360 布局元宇宙社交的里程碑。

N 世界 Slogan（标语）为"新一代的兴趣元宇宙"，聚焦用户不同兴趣提供元宇宙社交体验。N 世界中的虚拟世界分为不同的兴趣世界，用户可以加入兴趣世界，打造兴趣话题、体验沉浸式互动、打造私人专属领地等。具体而言，N 世界具有以下功能，如图 10-2 所示。

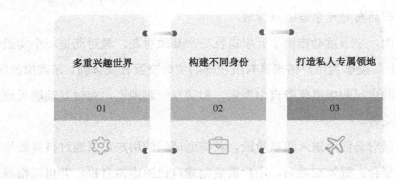

图 10-2   N 世界的三大功能

1．多重兴趣世界

在 N 世界中，用户可以自主创建世界，也可以加入其他用户创建的世界。同时，用户可以加入其中的不同频道，如语音频道、元宇宙频道等，与其他用户社交互动。其中，元宇宙频道为用户提供了一个虚拟房间，支持用户在其中社交、娱乐。

2．构建不同身份

在 N 世界中，不同的世界有独立的身份和等级系统，用户可以创建世界身份组，认领不同的身份牌。同时，不同的世界是相互平行的，用户在不同世界的身份也是相互独立的。

3．打造私人专属领地

用户可以在平台中打造私人专属领地，和好友进行一对一的沟通。私人专属领地可以免受其他世界的打扰，用户间的沟通、社交等更具安全保障。

奇虎 360 对于该产品比较重视，给予了其价值千万的"n.cn"域名作为官网。基于此，N 世界实现了多端共存，包括移动 App、Web 版、Windows 版等三种登录方式。N 世界体现出了奇虎 360 对于元宇宙社区的早期探索，未来，随着产品功能与内容的丰富，其将带给用户更加多样的体验。

10.2.3 从映客到"映宇宙"：全面布局元宇宙社交

2022 年 6 月，映客互娱集团召开了一场品牌升级发布会。在会上，映客宣布将更名为映宇宙，全面布局元宇宙业务，并签约虚拟数字人"映映"为品牌代言人。在发布会中，映客直播的沉浸式 K 歌功能"全景 K 歌"、元宇宙恋爱社交产品"情侣星球"等同时亮相。此外，公司表示正在研发面向 Z 世代用户的 3D 虚拟形象社交产品 The Place。

这些产品新功能和新产品的出现彰显了映宇宙的目标，那就是创建多个"社交新次元"的矩阵式产品，借技术优势打造未来社交新生态。

以映客直播的全景 K 歌功能为例，其能够为用户提供沉浸式 K 歌体验。用户可以在其中创建自己的元宇宙 K 歌房，并邀请好友进入，同时可以通过语音、动作进行互动交流。在全景体验方面，全景 K 歌支持多视角切换，如特写视角、第三视角等。

在 K 歌体验方面，全景 K 歌不仅支持调节伴奏，还提供流行、摇滚、录音棚、演唱会等诸多混响模式。视觉效果上，虚拟房间的灯光和装饰体现出科技感满满的未来风，歌词显示屏、舞台、灯光等一应俱全。

情侣星球则是专为情侣设计的，提供专属恋爱空间的元宇宙社交产品。在应用中，情侣可以拥有共享的元宇宙私密空间，可以记录心情、共享经历。同时，其可以实时互动的桌面小组件功能可以帮助用户将重要信息"贴"在桌面上，对方更新的动态可以第一时间看到。

目前来看，映宇宙推出的这些元宇宙社交产品还正处于初级版本，功能尚待完善，但其布局元宇宙社交的决心是毋庸置疑的。未来，随着元宇宙相关技术的不断进步，映宇宙也会持续对产品进行迭代与升级。

10.3　商业机会：拆分元宇宙社交的不同要素

将形成元宇宙社交的诸多要素进行拆分，该领域存在的商业机会便显而易见。一些企业依托技术优势，为元宇宙社交产品提供技术支撑；一些企业以元宇宙社交为新方向，打造具有特色的元宇宙社交应用。而已经有所发展的一些元宇宙社交产品则积极更新功能，提升用户的社交体验。

10.3.1　聚焦顶层技术，为元宇宙社交产品提供技术支持

元宇宙社交与传统线上社交的关键区别在于沉浸式体验，这也是企业打造元宇宙产品的难点。一些互联网巨头在用户量、社交矩阵等方面颇具优势，但缺少实现沉浸式社交的能力，为了解决这一问题，这些企业就需要与提供沉浸式技术的技术服务方合作，共同研发元宇宙社交应用。这意味着，拥有先进技术的企业可以以沉浸式技术拓展商机。

以映客直播推出的全景 K 功能为例，为了实现线上 K 歌的沉浸感，从视觉、听觉等方面立体呈现整个社交场景，其与 ZEGO 即构科技达成了合作，借助其技术解决方案实现产品更深层次的沉浸感。

ZEGO 即构科技是一家为企业提供实时互动解决方案的服务商，也是当下许多元宇宙产品技术问题的解决者。其与映客、喜马拉雅、酷狗等多家企业达成了合作，为多样产品的功能开发提供技术服务。而映客直播全景 K 歌虚拟社交场景的实现，正是基于 ZEGO 即构科技多年的技术积累和持续技术创新所取得的突破。

对于想要推出元宇宙社交产品的企业来说，如果仅依靠自身能力研发出实现

沉浸体验的全新元宇宙产品，则需要付出大量的时间和技术研发成本。ZEGO 即构科技就看到了其中潜在的商机，自研虚拟数字人、元宇宙互动场景等能力，提供"组件式"产品融合方案。

元宇宙社交产品的发展需要解决用户留存的问题，而创新玩法、创新体验是留住用户的关键。而全景 K 歌之所以受欢迎，就是因为其以 K 歌搭建起了用户能够玩得起来的场景，同时通过 3D 虚拟形象、3D 虚拟场景、实时音视频等多种底层能力，实现了用户在虚拟世界中的沉浸式 K 歌体验。

元宇宙社交产品的发展离不开玩法创新与技术创新。而 ZEGO 即构科技此类技术方案提供商则是产品发展的重要支撑力。在此类企业的助力下，元宇宙社交产品才能够简化虚拟场景开发流程，提供多样的社交玩法，为用户提供新奇的元宇宙社交体验。

10.3.2　以虚拟形象打造特色，助推元宇宙社交内容变革

社交的本质在于人与人的连接，而在元宇宙中，人与人是通过虚拟形象进行连接的。这种新型连接模式将会衍生出新的商业机会。在这方面，一款名为星偶的产品做出了新的尝试。该产品为用户提供了多元化的元宇宙社交体验，主要表现在以下几个方面，如图 10-3 所示。

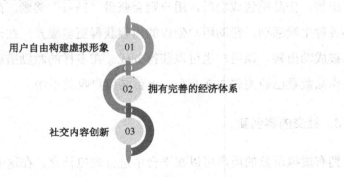

图 10-3　星偶提供的元宇宙社交体验

1. 用户自由构建虚拟形象

在虚拟形象打造方面，星偶为用户提供了更大的自主性。登录软件后，用户需要创建自己的虚拟形象，从脸部、发型到服装，用户都可以自由搭配。星偶平台中有数百万的 PUGC（Professional User Generated Content，专业生产内容）素材、数百个动作编辑器、上千种动作及表情，确保用户可以根据自己的喜好创作虚拟形象，同时满足虚拟形象与不同场景的搭配。

同时，星偶也为用户提供了内容创作的机会，向用户开放各类社交场景、虚拟形象的创作套件等。用户可以自由创建不同的虚拟形象，赋予其性格、故事、动画等。在平台中，用户可以成为虚拟形象的造型师，根据其创作数字内容，如发型、表情、个性背景等。

2. 拥有完善的经济体系

在赋能用户创作的基础上，为了激发用户生产内容的积极性，元宇宙社交平台还需要具有完善的经济体系。在经济体系下，用户创作的数字内容可以成为自己的数字资产，并通过数字资产的流通、交易获得收益。

在这方面，星偶就搭建了一套经济体系。星偶支持虚拟角色及配件的交易，无论是一顶帽子、一套服装搭配还是一段完整的故事情节，都可以贴上价格标签上架出售。作品销售成功后，用户则会获得"钻石"奖励。同时，星偶还会定期举办各种主题活动，帮助用户创作的内容获得更多曝光。在活动中，如果用户的作品被成功出售，该用户也可以获得分成。在多样的激励措施下，星偶中用户创作的作品数量已经突破 200 万个，上百名用户收益不错。

3. 社交内容创新

拥有虚拟形象的用户可以在平台中进行虚拟社交。在这方面，星偶也做出了许多尝试。在平台中，用户可以发视频分享生活、发布创意内容分享脑洞，并与其他用户交流心得。同时，星偶支持用户组成家族群进行多人社交。每个家族可以设计自己的宣言、推选组长，同时家族新成员加入时需要提交申请。家族成员可以通过完成共创任务、PK 活动等获得奖励。同时，星偶还推出了合照、家族合拍等功能，同一个家族里的朋友可以进行全家福合照。

除了以上内容外，星偶将在未来进行更多尝试。未来，星偶升级的共创 3D 虚拟形象可以适用于 AR/VR 平台，带给用户更深的沉浸体验。同时，其也在考虑打通不同类型平台的标准，甚至推出定制化 VR 设备。在未来愿景方面，星偶创始人表示，希望将星偶打造成为符合年轻人口味、能够表达创意的内容社交平台。

罗马不是一天建成的，元宇宙社交平台也需要经历长久的发展。当前，虽然星偶此类的元宇宙社交平台还不能展现元宇宙社交的全貌，但向着这个方向的社交产品变革已经开始了。未来，随着技术的进步和更多元宇宙社交平台的实践，具备超级沉浸体验、海量社交内容的元宇宙社交平台终将实现。

10.3.3　以数字藏品完善内容生态，拓展社交产品价值

在元宇宙社交方面，天下秀集团是以新产品探索社交新空间的佼佼者。2021 年 10 月，天下秀推出了元宇宙社交产品"虹宇宙（Honnverse）"。该产品主打 3D 虚拟社交，允许用户在其中构建虚拟形象、虚拟空间、虚拟道具等。产品上线后，官方邀请了游戏、短视频等诸多方面的红人入驻，力求为用户打造一个沉浸式虚拟生活社区。

此后，为了丰富用户的虚拟社交体验，虹宇宙进行了多次更新，丰富、优化了许多功能。2022 年 3 月，虹宇宙新版本上线，接入了自媒体数字藏品工具集 TopHolder（头号藏家）。在功能上，TopHolder 将为虹宇宙引入大量创作者的优质数字作品，推进平台内 UGC 内容生态建设。具体而言，TopHolder 具有以下两大

功能。

一方面，TopHolder 能够实现数字藏品一键生成，将数字作品变为数字藏品。TopHolder 是天下秀旗下区块链价值实验室推出的面向社交平台的自媒体数字藏品工具集，为用户提供包括数字藏品生成、收藏、展示等功能的一站式解决方案。这样一来，用户可以变为数字藏品内容的创作者，藏家收藏数字藏品也具有了更大价值。通过 TopHolder，创作者可以将发布于平台的原创作品进行登记和上链，将作品转化为数字藏品，而藏家在收藏藏品时也可以通过溯源得知藏品的创作者信息。

TopHolder 的优势在于面对的用户群体十分广泛，创作门槛也很低。创作者只需要通过认证并上传作品，就可以快速完成数字藏品生成，同时获得该藏品在虹宇宙虚拟空间的展示权。

另一方面，TopHolder 可以实现数字藏品确权，支持更多用户成为创作者。在TopHolder 未出现之前，虹宇宙中同样存在大量的数字作品。但这些数字作品往往只能发挥其内容传播价值，而商业价值尚待挖掘。在接入 TopHolder 后，其为用户提供了可实现价值共享、不可篡改、可追溯的区块链网络，让数字藏品的著作权、所有权等得以确认，让创作者的版权保护成为可能。

作为天下秀旗下大获成功的区块链产品，TopHolder 在被接入虹宇宙之前就已经推出了诸多成功案例。2021 年，TopHolder 曾携 20 位艺术家的 77 幅数字藏品参加了北京当代艺术博览会，吸引了众人目光。其中不少通过 TopHolder 生成的数字藏品都被收藏家成功收藏。

2022 年初，知名艺术 IP 孵化机构 Funner Art 与 TopHolder 共同推出"中华英雄脸谱"数字头像，预约首日便吸引数万人预约。

而 TopHolder 接入虹宇宙，大大拓展了平台中数字内容的社交属性。基于开放的 TopHolder 工具集，用户得以转化为数字藏品的创作者，可以借助高度自定义的虚拟场景编辑入口自由创作数字内容。同时，TopHolder 也提供了用户与自己喜爱的红人互动社交的新空间。TopHolder 与虹宇宙的携手为用户提供了一个更多元的数字内容展示社区。

未来，随着虹宇宙内容、应用的不断开放，更多工具的出现和更多功能的打通将丰富创作者的内容创作维度。创作者可以不再拘泥于现实中的材料限制、物理规则等，通过计算机算法生成等更先进的创作形式，创作出更加奇幻的数字作品。虹宇宙开放式的内容生态布局将在未来吸引更多创作者加入，从而推动平台内容的持续繁荣。

此外，虹宇宙与 TopHolder 的携手也体现出了其在创作者经济方向的迈进。双方的合作将有助于优质数字藏品创作者实现藏品价值，通过创作获得收益。未来，随着虹宇宙数字藏品生成、收藏、展示、交易等全流程解决方案的实现，元宇宙社交将展现更大吸引力。

第 11 章

数字生态：元宇宙深化数字化转型

新型冠状病毒肺炎疫情的流行使人们用于线上的时间大幅增加，许多线下活动被迫转移到线上，人类生活也开始大规模向数字世界迁移。在这一大背景下，元宇宙进入大众视野，呈现出了惊人的爆发力。

当前互联网发展的瓶颈主要是内卷化，内容载体、交互方式、互动性等方面长期缺乏突破，导致增长困难。而元宇宙的出现，能够推动技术融合和迭代革新，加速互联网企业走出内卷困境，也为企业的数字化转型带来了新思路。

11.1 元宇宙开启数字革命

关于元宇宙的发展潜力，已经有大量实践进行了佐证。实际上，元宇宙最具想象力的地方在于，其可能孕育一个新的社会体系，为全行业的发展带来变革。

元宇宙的诞生是一系列连点成线技术创新的结果，其发展道路是未定的，但发展趋势却是既定的。随着互联网相关技术的不断发展，元宇宙带来的数字革命已经开始了。

11.1.1　新文旅主义：数字街区改造之超能公式

每座城市都需要有体现其文化特色的街区，但目前，我国现存的街区质量参差不齐，很多街区缺失文化定位、功能定位，内容同质化且建筑规划不合理，急需进行改造。而网易为街区改造找到了新方向。

2020 年，网易与杭州中国丝绸城合作，打造数字街区，为老旧街区加入了 AI 互动空间、数字体验馆、AI 虚拟代言人等内容，让老旧街区焕发新活力。

网易打造的数字街区用数字化的创新式表达，让传统文化大放异彩，从而吸引年轻一代的注意。而且打造数字场景，充分尊重了老旧街区的原始风貌，以更小成本、更少破坏的形式，丰富了街区的时代内涵，激发其活力。

网易分别从数智体验、活动运营、创意宣传三个方面来进行数字街区改造，如图 11-1 所示。

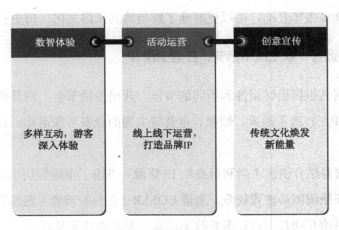

图 11-1　数字街区改造

1. 数智体验：多样互动，游客深入体验

首先，网易通过打造 AI 微体验空间，盘活了街区废弃空间。网易利用电子屏

幕、摄像头等设备，打造具有文化特色的 AI 微体验空间，将创意时尚元素、流行 IP 和传统文化相结合，将原有街区的废旧空间改造为爆款打卡地。

其次，网易开设了数字体验馆，包括全息博物馆、智慧文化馆等，使游客在沉浸式体验中感受现有建筑的文化内涵。例如，网易利用 AR、VR、MR 等技术，结合本地特有的红色文化打造了建党 100 周年专题全息战场，游客们可以在混合现实的游戏环境中体验到真实的战场氛围。

然后，网易还上线了 AI 导游。AI 导游具有旅游咨询、休闲娱乐、意见收集等功能。游客们可与之对话，咨询文化、美食、天气等信息，还可以与之玩成语接龙等游戏。

最后，网易还针对疫情后的线下市场，推出了 VR 自助机娱乐平台，该平台大大降低了运营成本。游客们能够在不同地区使用 VR 头显或 LBS 小程序定位最近的 VR 线下站点，进行游玩。

加入数智体验后的老旧街区可玩性大大提升，游客们一改走马观花式的游览方式，通过众多虚拟互动，可以更好地了解当地的风俗文化、历史故事。

2. 活动运营：线上线下运营，打造品牌 IP

首先，网易根据街区属性和不同的节日，开展主题节会。网易联合游戏、音乐、动漫等 IP，打造了国风、影视、电竞等主题的众多节庆活动，让街区更趋年轻化。

其次，网易结合街区主题和自身的 IP 资源，推出了主题快闪活动。例如，网易在街区中还原阴阳师游戏场景，邀请 COSER（角色扮演者）巡游表演。游客们可以在街区内的互动打卡点打卡并收集印章，换取周边礼品。

最后，网易还打通了自身的游戏、音乐、动漫等流量池，通过举办电竞嘉年华、原创歌曲大赛等主题赛事，将不同圈层的粉丝引流至街区，让街区成为特定圈层粉丝的聚集地，提升其影响力。

各种活动的开展，大大提升了老旧街区在各个圈层的影响力。新时代 IP 与老旧街区的创意结合，吸引了大量年轻群体的关注，让老旧街区也成为时尚打卡地。

3．创意宣传：传统文化焕发新能量

首先，网易依托自家产品的优质资源，对街区活动、赛事、体验进行报道，聚集全网流量，提高活动影响力。

其次，网易拓展了很多新的内容宣传形式，包括短视频、主题曲、条漫、H5、小程序等，展现街区鲜明特点和独特文化，让街区宣传在朋友圈刷屏。除此之外，网易还开发了手势识别、实物召唤、3D 全景等 AR 互动形式，引导游客们主动传播。

最后，网易与 IP 栏目结合，包括《请随我来》《不曾遗忘的符号》《了不起的非遗》等，借助大热栏目的影响力，展示当地的旅行、美食、技艺等文化生态，助力文化出圈。

创意宣传让老旧街区的文化重新焕发活力。这些文化不再只被当地人知晓，而能被全国各地的人知晓。传播能力的提升，不仅提高了文化的影响力，还带动了当地旅游业蓬勃发展。

11.1.2　数字人共生：你的 Avatar 数字分身

创造出一个虚拟人需要多久？英伟达给出的答案是：3 分钟。在英伟达举行的一场线上论坛中，一项新技术引发热议——只需要一段语音，软件就能自动生成一位口播数字人。这就是英伟达元宇宙平台 Omniverse 上的 Audio2face 功能。

讲话是一个非常复杂的面部运动，不仅嘴部会动，眉毛也会有轻微的抖动，面部肌肉也会有所变化。英伟达的这套系统使用了深度学习的 AI 技术，可直接使用语音来快速、轻松地产生面部动画。在英伟达的演示中，工程师只需在操作界

面导入一段音频文件，系统就能生成一个拥有丰富表情的 3D 白色模型，这个模型说话口型与面部肌肉非常接近真人，如图 11-2 所示。

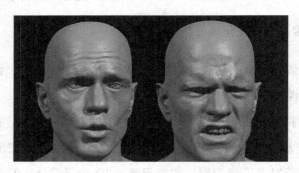

图 11-2　系统生成的 3D 白色模型

英伟达的 Omniverse 平台上的软件可视区域生成的模型，嵌套在英伟达虚拟数字人的生产链条中。在 Omniverse 平台上，不同组件都是标准模块化的，在 Audio2face 中也可以通用，所以 Audio2face 中也提供了常用的 3D 建模功能，方便工程师调整设计和渲染。Audio2face 不仅是一个通过音频驱动人脸动画的软件，更是一个艺术设计平台，从设计到渲染，全流程覆盖，让更多 3D 动画制作工作更容易完成。

英伟达的 Audio2face 让低代码和无代码开发成为现实，这将使一些领域的开发门槛大幅降低。如果制作一个虚拟人只需要两三天时间，那么将带来巨大的商业空间。以手语主播为例，目前各地手语具有区域性，没有普及国标手语。这给虚拟数字人提供了一个非常好的应用场景，只需要输入文本，虚拟人就会自动演示标准手语，这将大大降低普及国标手语的成本。

除此之外，数字分身也将成为可能。在元宇宙中，每个用户都能拥有自己的虚拟形象，而这项技术可以让进入元宇宙的用户快速拥有独特的虚拟形象，从而让用户拥有更高的沉浸感。

如今，科技巨头们不仅探索如何快速创造虚拟形象，还试图创造多模态数字人。所谓多模态数字人，是指集语言、表情、动作、个性等多项自然人特征于一身的虚拟数字人，这其中，塑造虚拟数字人的个性是难点。

每个人的个性不同，讲话风格也不同，相应的语调、面部表情等也不同，但通过大数据无差别采集运算只能生成没有个性的"平均脸"，大大降低拟真程度。而英伟达通过定向采集一些人的数据、AI 深度学习，就能确定这些人的讲话风格，进而让虚拟数字人进行个性化表达。

随着虚拟数字人的语言、神态、动作等方面日益完善，拟真化程度提高，虚拟数字人逐渐拥有个性，元宇宙时代的虚拟数字人可能会打破超现实的临界点，朝着数字伴侣的方向发展，与现实世界的人类实现共生。在未来，我们的朋友可能是虚拟数字人，他们拥有类似人类的表情、动作、个性等，可以陪伴我们在元宇宙中度过美好时光。

11.2　数字 IP 实践指南

随着元宇宙概念的爆发，元宇宙已经逐渐融入我们的生活，一些覆盖农业、文旅、航天、收藏等各领域的有趣的、创新的数字 IP 开始出现。

11.2.1　"开心"与它的第 1000 个数字生态农场

曾经一款名为《开心农场》的网页游戏占据了"80 后""90 后"大量的休闲时光。玩家可以在这款游戏中种菜、浇水，通过偷菜社交，有些人甚至定好闹钟半夜起来去好友的菜地里偷菜。这款游戏曾风靡一时，引起了无数话题和关注。

《开心农场》上线仅三天，就收获了上亿粉丝，成为当时的国民级应用。最火爆时，活跃用户超过 5 亿人。

十多年后，"农场"从电脑转移到手机，而当年的虚拟菜地，变成了可以种出水果的助农游戏。2020 年，天猫农场"福年种福果"活动上线首日就有 2.2 亿人参与。这一项目是由《开心农场》的创始人郜韶飞和阿里巴巴共同开发，而郜韶飞则成了地地道道的农民。

2016 年，郜韶飞决定从水果领域入手，投入 2 个亿，建立线下有机农场。此时，阿里巴巴正在全面升级"亩产一千美金计划"，在全国范围内建设 1000 个数字农业基地。郜韶飞与阿里巴巴数字农业合作后，果园里处处都是"黑科技"。例如，土壤里的探测器，可以了解湿度和肥度，果树上的光学传感器，可以了解果树的生长情况等。在郜韶飞的数字农场里，手机成了新农具，果农通过手机便可了解果园的一切状况，大大提升了劳作效率，而且结合创新技术的种植方法，让郜韶飞坚持不施化肥、不洒农药的有机种植成为现实。

数字化潮流正在让全行业发生翻天覆地的变化，这其中也包括农业。现代化的种植方法，让农业种植回归自然，而且线上的传播方式为农产品提供了崭新的销售渠道，由渠道有限而导致的滞销、利润低等问题也可以更好地得到解决。

11.2.2　"千年古镇"IP 首秀，寿昌古镇与天宫元宇宙

在我国加快数字化建设理念的引领下，文旅产业利用数字孪生技术，将线下文旅实体和线上虚拟数字 IP 打通，让每个景点更加智慧化、数字化，以此提升景点的服务和品质。

2021 年 9 月 9 日，浙江省寿昌古镇的"第二届寿昌 909 好吃节"开幕，与往届不同的是，这一次活动现场出现了一个巨大的人偶，它就是这次活动的虚拟主角——来自"天宫"的凌霄，如图 11-3 所示。

"寿昌天宫"是以寿昌古镇为核心，包含寿昌西湖、卧龙胜境等旅游场景，结合古镇文化和未来发展打造的虚拟数字世界。

图 11-3　凌霄

在"天宫"数字虚拟世界中，有 9 位性格迥异的天龙少年（如图 11-4 所示），而凌霄就是其中代表寿昌 909 夜街经济的少年。每位天龙少年是"数字钥匙"，可以担任数字向导，为游客提供消费券、龙玺、龙币等游戏道具。游客们可以通过手机接入"天宫"数字虚拟世界，跟随天龙少年畅游"天宫"。

图 11-4　9 位天龙少年

在"第二届寿昌 909 好吃节"活动期间，主办方推出了一款搭载 NFC+RFID 芯片的凌霄数字钥匙扣。有了这个数字钥匙扣，游客们可以通过手机扫一扫进入"天宫"数字虚拟世界，了解更多寿昌古镇的信息，还可以用手机碰一碰，收集数字盲盒和消费券。

寿昌古镇与未来数字世界的融合，打造了一个充满想象力的"天宫"元宇宙，推动了当地文化旅游产业的高质量发展，加强了文化 IP 的开发和转化。未来，随着数字消费时代的到来，会有更多像寿昌古镇的"天宫"元宇宙一样的数字消费体验空间出现，它将成为区域 IP 的新名片，带动文化、商业、旅游、农业等产业融合发展，进一步实现乡村振兴。

11.2.3　数字活态作画，《鹊华秋色图》里的济南城

穿越历史，体验古代劳动人民的日常生活，探寻存在于书画中的自然风光和人文景观，一直是现代人类的一个美好心愿。虽然目前的科技发展还不足以实现这一心愿，但元宇宙发展带来的 VR、AR、实时追踪、全景展示等技术，实现了数字活态作画，为这一心愿的实现带来了新的转机。

利用 VR、AR 等技术进行数字活态作画，将平面的图画内容转化为 3D 立体影像，让原本沉寂的古画动起来，为游客带来可互动的沉浸式体验。

例如元代著名画家赵孟頫的《鹊华秋色图》，近日就在济南山东国际会展中心举办的第二届国际文化和旅游博览会通过 3D 立体影像活了过来，如图 11-5 所示。

图 11-5　《鹊华秋色图》3D 立体影像

《鹊华秋色图》是赵孟頫为友人周密所作的。周密祖籍山东，一生却从未到过山东。赵孟頫为安慰友人，特作《鹊华秋色图》，画尽济南风光，赠予周密。如今历经七百余年，画中济南风光早已大变。

为了让游客领略元代的济南风光，更好地了解济南的历史，山东省文化创意

设计协会组织了相关技术团队，利用数字活态作画，融合多种手法，让游客的视角从二维平面进入三维立体感官世界，感受日出而作、日落而息的元代济南生活。"鹊华秋色"作为济南的城市 IP，借由此次数字沉浸展在游客心中留下了深刻的印象。

数字活态作画与普通数字绘画不同，它采用 VR、AR 等技术，在 3D 虚拟空间中绘画，将《鹊华秋色图》变为沉浸式、可互动的多维立体场景。游客无须借助 VR 设备，即可裸眼体验这一场景。游客漫步于画中，好像真的穿越到了元代济南，画中人物一举一动皆真实还原了当时的情境，游客还可以在特定区域与画中人物进行互动。此外，画中风景会模拟现实中的场景自然改变，如山间朝雾会随风散去。数字活态作画为游客带来了逼真的沉浸式体验。

为了使数字活态作画所作的《鹊华秋色图》更加逼真，山东省文化创意设计协会还邀请诸城派古琴非遗传承人与济南青年音乐创作者联袂创作"鹊华秋色曲"。结合可互动的沉浸式全景体验，在虚实结合、古今交融之间，数字活态作画打造的"五感互通"独特数字媒体艺术体验，让游客梦回"四面荷花三面柳，一城山色半城湖"的济南风光。

11.2.4 安阳殷墟：数字藏品入场元宇宙

2022 年 1 月 29 日，安阳殷墟景区联合华冠文化、雷鹿文创推出的以"亚长牛尊""亚址方尊""司母辛鼎"为原型的三件数字藏品，在支付宝平台"鲸探"小程序上线发售，如图 11-6 所示。

数字藏品是元宇宙生态的重要产物，通过区块链技术进行唯一标识，赋予每个藏品独一无二的序列号。可以说，在元宇宙中，人们拥有的数字藏品，可以被永久保存，并且不需要维护和保养。而拥有众多收藏品的博物馆，也成为元宇宙的先行者。

图 11-6 "亚长牛尊"数字藏品——奋牛蹄春五谷丰

例如，成都金沙遗址博物馆以"古蜀金沙"为主题，上线了"浮面""白藏之衣""福泽满天"等数字文创产品，开卖仅 50 秒，就被抢购一空。而中国国家博物馆推出的四羊青铜方尊、"妇好"青铜鸮尊等国宝级文物的数字藏品，也同样销量火爆，一秒售罄。

殷墟景区发布数字藏品是为了通过互联网大范围、多角度呈现文物背后的历史记忆和民族情怀，借数字化浪潮，传播中华优秀传统文化。

随着越来越多人关注文物及传统文化，文化精品的产出概率也会越来越高。传统文化会重新焕发活力，在年轻的土壤上生根发芽。随着相关领域的积极探索，还会有更多文物会以数字藏品的形式和公众见面，为弘扬传统文化贡献力量。

11.2.5　中国航天数字 IP：如何姿势优雅地投资 NFT

NFT 浪潮随着元宇宙的发展席卷了众多领域，众多品牌纷纷想要借此机会打造元宇宙时代的数字 IP。中国航天顺应时代潮流，与腾讯幻核携手，推出中国航天数字徽章藏品，打响了国内航天领域投资 NFT、打造数字 IP 的第一枪。

中国航天数字徽章藏品采用 3D 建模和动态效果技术打造，共有 5 款（如图 11-7 所示），每款均限量发行 1210 份，共发行 6050 份。其中，6000 枚徽章藏品于 2021 年 12 月 30 日在腾讯幻核正式发售。中国航天数字徽章藏品一经上线，立即被抢购一空。

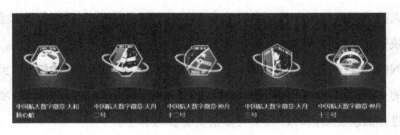

图 11-7　中国航天数字徽章藏品展示

　　消费者之所以对中国航天数字徽章藏品如此感兴趣，一方面是因为消费者对航天事业的支持与热爱，另一方面则源于 NFT 的稀缺性商业价值。而中国航天正是看到了消费者对航天的支持，看到了 NFT 未来的价值，才大胆地在这个崭新的领域进行投资，以期打造中国航天品牌专属的数字 IP。此次中国航天携手腾讯幻核发行数字徽章藏品是中国航天涉足 NFT 投资的一个开端。

　　在传统的 NFT 投资中，投资方可建立 NFT 平台，例如以太坊中汇集了众多类似 OpenSea、Rarible 这样的 NFT 平台，当消费者在上面消费，投资方会获得收益。此外，投资方还可以购买以太坊 ERC20 代币，该代币可以在 NFT 平台代币化任何商品。投资方还可以将以太坊 ERC20 代币贷款给以 NFT 为抵押品的人，从中获取利息。

　　而中国航天和腾讯幻核合作，主要通过直接投资 NFT 平台一级市场盈利。在中国航天数字徽章藏品的 6050 份发行量中，其中 50 份用于免费发放，吸引消费者注意。另外，扫码的消费者可参与提前购买资格抽签活动。这些活动的设置使中国航天数字徽章藏品的稀缺性商业价值得到进一步保障。

　　腾讯幻核基于"至信链"技术协议发行的每个数字商品在链上都有唯一标示，不可篡改。消费者在 NFT 平台一级市场中购买得到的中国航天数字徽章藏品均具有唯一性。消费者可在 NFT 平台二级市场中与其他人自行交易，其价格由其自身稀缺性商业价值、时间等多种因素决定。中国航天虽然没有直接参与在 NFT 平台二级市场中的交易行为，但消费者在后续的交易行为通过 NFT 的内嵌合约，会为中国航天持续提供版税收益。中国航天在 NFT 平台二级市场也可以间接获利。

区块链技术保证中国航天数字徽章藏品的唯一性、真实性和永久性。藏品不会因为 NFT 平台停止运营而消失，有效保障购买该藏品消费者的权益。此外，去中心化的交易模式减少了 NFT 平台对消费者的交易佣金抽成，在一定程度上鼓励消费者进行后续交易流转，吸引更多消费者参与其中。

11.2.6　开启国家数字 IP 文化公园的"秘钥"

2021 年 4 月，腾讯云作为技术支持方联合江苏省文投集团，为江苏省政府建设"大运河国家文化公园数字云平台"。在腾讯云的技术支持下，江苏省政府围绕大运河开展运河知识图谱、区块链版权登记、云赏运河等项目，打造首个国家数字 IP 文化公园。

大运河全长约 3200 千米，是世界上开发较早、跨度最大、使用时间最长的运河。其 2014 年入选世界文化遗产名录，沿线有 450 余项非物质文化遗产，是承载着中华优秀传统文化的宝贵财富。由此可见，大运河国家文化公园数字云平台的建设对大运河文物保护、大运河文化传承等工作具有重要的意义和创新价值。

"大运河国家文化公园数字云平台"基于大数据、区块链、人工智能、GIS（指地理信息系统）等创新技术，通过"科技+文化"的形式，构建多个数字文化创新平台和应用。届时，用户登录"大运河国家文化公园数字云平台"就可以获得云赏运河、知识运河等数字文化体验，全方位感受大运河的文化之美。除此之外，大运河还将和其他知名 IP 联动，举办一系列跨界创意活动，吸引更多人关注大运河。

《中共中央关于制定国民经济和社会发展第十四个五年规划和二○三五年远景目标的建议》第十篇第三十四章第三节中明确指出："深入实施中华优秀传统文

化传承发展工程，强化重要文化和自然遗产、非物质文化遗产系统性保护，推动中华优秀传统文化创造性转化、创新性发展。加强文物科技创新，实施中华文明探源和考古中国工程，开展中华文化资源普查，加强文物和古籍保护研究利用，推进革命文物和红色遗址保护，完善流失文物追索返还制度。建设长城、大运河、长征、黄河等国家文化公园，加强世界文化遗产、文物保护单位、考古遗址公园、历史文化名城名镇名村保护。健全非物质文化遗产保护传承体系，加强各民族优秀传统手工艺保护和传承。"

"大运河国家文化公园数字云平台"的建设，不仅是对《中共中央关于制定国民经济和社会发展第十四个五年规划和二〇三五年远景目标的建议》的积极响应，更是对"文旅+科技"新发展模式的创新实践，是以文促旅、以旅兴文的积极尝试和探索。

第 12 章

商业投资：元宇宙打开投资新空间

虽然要达成元宇宙的终极形态还要几十年甚至更久的时间，但投资无须等待。尽管对于元宇宙能否成为下一代互联网雏形，业内人士各执一词，但其在金融市场已经成为时下追逐的热点，各种新的投资项目层出不穷。

目前，游戏和社交作为最先入局的领域发展迅速，各大厂商纷纷布局，爆款游戏成为投资者的必争之地；而终端设备也伴随着游戏的大热出现增长，Oculus 等业界知名企业潜力巨大；随着核心算力需求的不断增加，对高端芯片的需求也会增加，半导体公司也将成为投资热点。

总的来说，元宇宙将打开新的投资空间，内容、电子设备、算力技术等，都是投资者值得关注的投资要点。

12.1 投资要点：市场需求+发展阶段

入市有风险，投资需谨慎。在投资领域，自古以来，利益与风险就是相伴而生的。投资者切勿被元宇宙火爆的现状冲昏了头脑，而盲目选择项目。投资者在投资前，要做好理性的分析。投资者可以从市场需求和发展阶段两个方面判断项目的潜力。

12.1.1　市场需求：技术+道德

基于对元宇宙理解的显著差别，我国投资者与外国投资者在元宇宙的布局上存在一定差别。我国投资者更关注元宇宙的沉浸感，希望尽快推动元宇宙在 C 端落地；而外国投资者更关注开放性的基础设施，认为底层架构的搭建会带来应用的爆发。可以发现，目前投资者的关注点主要集中于沉浸式应用，以及功能性平台两方面。然而，投资者们对元宇宙的布局并不完整，元宇宙不只是更沉浸的移动互联网形式，而是一个与现实交错的虚拟世界。不仅技术问题影响其发展，伦理道德的约束也会左右其进程。

从技术角度出发，可以从由虚向实和由实向虚两方面来分析元宇宙投资项目。

1.　由虚向实

由虚向实指的是从虚拟世界向现实世界延伸，打造沉浸式感官冲击的项目，包括游戏、视频、直播等，以更真实的虚拟体验吸引大量消费者加入。例如，任天堂发布的增强现实游戏 Pokemon go，玩家可以借助 AR/VR 设备在室外捕捉宝可梦，并且在道馆用它们对战。目前，Pokemon go 已经推出多种虚实结合的玩法，例如，利用任务模式引导玩家到特定地点、与品牌联动发放限量商品券等。由虚向实的元宇宙项目投资重点主要在增强数字体验方面，这与我国投资者追逐的热点比较契合。

2.　由实向虚

由实向虚指的是将现实世界复刻到虚拟世界。在移动互联网时代，大多数内容均以 2D 形式呈现，而元宇宙为了模拟现实世界，需要利用传感器、3D 建模等技术制作出更逼真的虚拟场景，高度拟真出现实世界的观感。例如，英伟达推出

Omniverse 实时 3D 设计协作平台，将图形、人工智能、仿真、可扩展计算整合到了一个平台中，让艺术家、设计师、创作者能更方便地进行 3D 内容的创作。由实向虚的元宇宙项目投资重点主要在基础引擎和数字化身等方面，而这是国外的许多投资者关注的重点。

从道德角度出发，可以从弘扬善的连接和遏制恶的交互两方面来分析元宇宙投资项目。

1. 弘扬善的连接

在经济活动中，每个人的目标是自身利益最大化，所以元宇宙经济的可持续运行、生态不断丰富，离不开有效的激励机制。在移动互联网时代，信息不对称和交易成本降低，催生出全新的创作者经济模式。但互联网平台作为中间商却获得了超额价值，让个体创作的积极性降低。例如，游戏开发公司 Epic Games 曾指控苹果通过应用商店收取 30%的费用，影响了游戏开发者的创新动力。从这个角度出发，元宇宙项目的投资重点主要在借助数字货币与区块链实现价值的完整传递方面，催生更有活力的创作者经济。

2. 遏制恶的交互

传统游戏的虚拟空间由游戏公司缔造，虚拟财产并未真正属于个人，游戏公司对玩家的虚拟财产有绝对处置权。但随着元宇宙将现实世界与虚拟世界连接起来，虚拟财产可以借助 NFT 打上私人标记。当虚拟财产的价值提高，显然，我们无法接受自己的虚拟财产被人抢夺（黑客入侵），也不能接受自己的行为时刻被人监视（侵犯隐私权）。因此，保障元宇宙中的网络安全已经迫在眉睫。从这个角度出发，元宇宙项目的投资重点主要在网络安全方面，目前我国投资者对此已有关注。

元宇宙之所以令人振奋，是因为它让前沿的硬、软件技术都有了用武之地，让投资组合有了更多的可能性。但元宇宙的发展仍有很大的不确定性，投资者需要密切关注技术的演进，以及相关监管政策的发展趋势，及时调整投资决策。

12.1.2 发展阶段：不同阶段的不同机遇

想要达成元宇宙的终极形态，元宇宙的发展还要经历三个阶段。在这个过程中，投资的重点也会不断变化。

第一阶段：虚实结合。在元宇宙发展的第一阶段，现有世界的生产过程和需求结构都未改变，线上与线下融合的商业模式将推动沉浸式体验加速进化。以购物为例，原来我们都是通过浏览图文介绍的方式获取信息，买家秀与卖家秀对比惨烈曾一度成为消费者调侃的话题。而如今，短视频、直播带货等新颖玩法成为风潮，商品的呈现也更加立体化，降低了信息传递的偏差。而在未来的元宇宙时代，AR、VR 等技术会帮助我们直接看到衣服的上身效果，从而帮助我们做出更合理的决策。

由此可见，这一阶段的投资重点是沉浸式体验工具，以及有品牌合作能力的 O2O（Online to Offline）平台，将线下的商务机会与互联网结合。而随着 AR、VR 进一步商用，消费级 AR、VR 产品也将给整个产业链带来广泛的投资机遇。

第二阶段：虚实相生。前沿的创新技术不仅能将虚拟世界变得更真实，还能改造现实世界的生产过程。Mob 研究院的数据显示，新型冠状病毒肺炎疫情的爆发，让人均每天使用手机的时长有了大幅增加，甚至高达全天时间的 36%。而且这一数字还在增加，预计在元宇宙发展的第二阶段，人们在虚拟世界的时间占比有望上升至 60%。一方面，人工智能、大数据、智能制造等技术大幅提升了生产效率，让劳动力需求锐减；另一方面，虚拟世界的不断丰富，人们的娱乐、工作、生活逐步向元宇宙迁移。

这一阶段的投资重点是人工智能、仿生人、基础引擎等项目。各行各业都将进行全面的数字化转型，引入创新技术，以实现降本增效。因此，智能协作平台、商用机器人等产品会产生巨大需求，从而带动整个行业正式进入商用变现阶段。

第三阶段：虚即是实。元宇宙的终极形态是人类以数字形态达到永生，使用脑机接口交互技术将人类的整个大脑上传到虚拟世界，而彻底摆脱物理因素的限制。到那时，人类在虚拟世界的时间占比可能会接近100%，生理需求会无限降低，取而代之是巨大的精神需求。

在这一环境下，目前现实世界的关于衣食住行的生产可能会完全失去意义，各厂商提供的直接刺激人类神经元的服务将会发挥更大价值。人们需要元宇宙原生的管理机制来保证他们在虚拟世界的生活体验，因此这一阶段的投资重点是秩序的建立和网络安全的维护。

12.2 投资新方向：硬件+应用+NFT

现阶段，元宇宙投资项目层出不穷，几乎所有的互联网项目都想借助元宇宙的热度抬高身价。投资者要擦亮双眼，排除那些空有概念、只蹭热度的项目，选择真正能落地、可持续的项目。目前有三个比较主流的投资方向，分别是硬件、应用、NFT。

12.2.1 硬件：聚焦显示设备制造，多家厂商值得投入

硬件端一直都是变现路径最明确的投资板块。过去，当 PC 互联网满足不了市场的需求时，移动互联网就诞生了；而现在，当移动互联网红利逐渐消失时，元宇宙便横空出世。在这个变化过程中，硬件领域的电脑、手机应运而生，如今又迎来了 VR、AR 设备的爆发。而作为从现实世界进入虚拟世界的入口，VR、

AR 设备要具备拟真、沉浸的特性。

目前，多家厂商值都得投入。在全球范围内，Meta 旗下的 VR 一体机 Oculus 占据绝对优势，Oculus Quest2 的出货量约千万台，占据超过 30% 的市场份额。除此之外，苹果、索尼等品牌也蓄势待发，苹果围绕着 VR、AR 技术已经研究出了许多专利，包括输入机制、用户界面等，还计划推出 VR、AR 头显设备；索尼在 CES 2022 发布会上，公布了第二代 PSVR 的许多参数信息，计划打造一款次世代 VR 头显。

在国内，Pico、大朋 VR、爱奇艺等品牌处在 VR、AR 领域的前沿，均开发了自己的 VR 一体机。同时，一些 AR 企业，如亮风台等，正尝试将 AR 技术运用到智能制造中。根据制造业目前的发展趋势，这类企业也有望迎来快速发展期。

除了完整的显示设备，整个硬件端的产业链，包括传感器、显示屏、光学设备等都是投资的佳选。国内一些代表企业，如瑞芯微、韦尔股份、思瑞浦、水晶光电等都有不错的表现。

12.2.2　应用：元宇宙游戏+元宇宙社交

在应用端，游戏和社交依然是最有发展潜力的两个领域。目前，Unity、Roblox、Epic 等创作平台是应用端的龙头项目。其中 Unity 不仅是 3D 内容创作平台，还为游戏、汽车、影视、建筑等领域提供开发工具，全球超 50% 的电子游戏几乎都在使用 Unity 提供的服务。

在国内，腾讯显然是最先嗅到风口的企业，不仅积极投资 Unity、Roblox、Epic 等平台，还基于自身优势扩大了社交娱乐产品的投资版图，成为目前最有可能在应用端构建元宇宙基础生态的企业。

除了腾讯，字节跳动和网易凭借自身在游戏和社交上的超然地位，也成为在应用端极具投资前景的公司。例如，网易在沉浸式系统"瑶台"中举办投资者沟通会，如图 12-1 所示。网易打造了一个古色古香、依山傍海的虚拟世界，网易的各业务负责人及来自全球各地的 200 多位投资者，通过虚拟形象进入，交流网易业务的动态。

图 12-1　网易投资者沟通会

"瑶台"可以按照需求定制活动场景，还加入了 PPT 播放、会议分析等功能。除了提供更具沉浸感的虚拟场景，"瑶台"还针对全球投资人语言不通的问题，内嵌了同声翻译功能，通过语音识别、语音合成、神经网络翻译等技术，为投资者们提供实时的翻译字幕。

这一次的投资者沟通会让广大投资人更直观地感受到了网易的技术能力。网易将和资本市场的沟通变得更趣味化，也侧面证明了网易的投资潜力。

12.2.3　NFT：寻找高投资价值的 NFT 项目

NFT（Non-Fungible Token，非同质化代币）是区块链的一个条目，而区块链类似于加密货币的去中心化账本。由于 NFT 独一无二的属性，这意味着它可以用来代表物品的归属权，例如，数字收藏品或虚拟土地等。

NFT 给艺术、收藏、游戏、公共事业等多领域带来了变革，其中收藏品和游戏是 NFT 销售量最高的两大领域，那么它们增长潜力巨大的原因是什么呢？

1. 收藏品

Crypto Punks 是以太坊上最早的 NFT 项目，它是像素化头像的 NFT 集合，如图 12-2 所示。Crypto Punks 刚发布时可以免费获取，而现在则需要高价购买。根据 larvalabs 的数据，目前销售额最高的 Crypto Punk 拍卖价为 758 万美元，是目前世界上单价最高的 NFT 作品。

图 12-2　Crypto Punks

Crypto Punks 等 NFT 项目的崛起，将 NFT 推向了主流大众的视野。根据 Footprint 的数据，2021 年 11 月 10 日当日的 Crypto Punks 交易量为 815 万美元，比 NBA Top Shot 的交易量高出 8 倍之多。

一个 Crypto Punks 的价值取决于其类型、属性、数量、主观性。因为每个头像都是与众不同的，所以人们将它视作在线身份的象征，越来越多的人花费数十万美元购买 Crypto Punks，就是希望在虚拟世界彰显自己的身份个性。因此，Crypto Punks 交易额增长迅猛的原因可以概括为三点，即"第一个 NFT 项目""稀缺""身份象征"。

2. 游戏

Axie infinity 是 NFT 在游戏领域的热门项目，它通过边玩边赚模式，给用户提供了工作和娱乐二合一的选择。而在游戏中赚钱的模式，让它拥有了巨大的增长潜力。根据 Footprint 的数据，Axie Infinity 市值指标高达 102 亿美元，年度增幅为 310%。目前，Axie Infinity 的市值在全网排名 23，在游戏类项目位居第一。

在经历了 2021 年的牛市之后，NFT 从一个小众市场变为兵家必争之地，目前 NFT 的项目数量达到 1500 多个，各大投资机构不断进场。

因为整体市场的增长，众多 NFT 项目纷纷崛起，吸引了巨大的财富和无数人的关注。但当前市场中项目众多，投资者要谨慎评估行业预期，寻找高投资价值的 NFT 项目。

如何挖掘优质 NFT 项目？虽然当前 NFT 在收藏品和游戏领域大火，但其也只是整个市场的几个组成部分，因而投资者不能盲目地对整个市场做出判断，应该具体问题具体分析。投资者可通过分析以下几个指标来找到市场上的优质项目，如图 12-3 所示。

图 12-3　如何挖掘优质 NFT 项目

（1）项目团队信息。如果 NFT 项目的创始人有区块链及游戏行业的从业经验，那说明初始人团队是一个很有潜力的团队。例如，Crypto Punks 的创始人被业界称为"为安卓、iPhone 制作东西的创意专家"，其团队对加密技术有深刻的理解，打造出了第一个潜力巨大的 NFT 项目。

（2）合伙人和投资人。有知名的风投机构参与的项目也非常有发展潜力。例如，Axie Infinity 曾获得多家科技企业和投资机构的投资，提升了项目的可信度。

（3）交易频率。交易频率高的项目，其市场潜力都不会太差。例如，Axie Infinity 和 CryptoPunks，其参与人数越多，交易量也越高，由此形成了良性循环。

（4）流动性。通过流动性可以分析出资产构成是停滞，还是流动。流动性是评价市场是否健康的关键指标。例如，某种 NFT 在市场上很受欢迎，但它的市场流动性低，就说明没有多少买家实际购买。当市场流动性较低时，就意味着我们要以较低的价格出售 NFT，或静待更多人加入市场后再出售。如果在这时出售，可能会影响该 NFT 在市场上的价值。

（5）价值分析。一个优质的 NFT 项目，除了稀缺性，还应该具备以下其他价值。

交换价值：NFT 与货币或其他物品的交易价值；

使用价值：NFT 能够满足人们某种需求，例如游戏、收藏、社交等；

娱乐价值：NFT 具备娱乐属性，能用于游戏等场景；

收藏价值：NFT 具备保值、增值等属性；

社交价值：NFT 有大量粉丝基础，能够让持有者在社交中彰显个性；

生产价值：NFT 能用于赚取超额利润。

NFT 市场发展迅速，是投资的新风向。但风险与收益并存，NFT 不仅是身份的象征，还是带来巨大财富的机会，投资者都要理性评估它的价值，例如评估其创作者身份、项目是否合法、底层区块链等，而不能仅抱着投机的心态盲目入局。

12.3 风险提示：多种风险需认清

元宇宙概念持续火爆，但许多风险也相伴而生，如技术阻力、竞争激烈、可行性低等。许多项目只是以"元宇宙项目""元宇宙链游"等名目蹭热点，吸收资金，并不具备可持续发展的能力。投资者要谨慎分辨这些具有较大诱惑力和欺骗性的项目，避免财产遭受损失。

12.3.1 研发风险：技术阻力下，研发成果不确定

移动互联网之所以能够迅速发展，基于两大因素：一是消费级硬件方便、便宜、功能强；二是操作系统标准、统一，能覆盖很多生活场景。而目前元宇宙既没有统一的消费级硬件产品，也没有形成编程标准，这导致其产品用户较少，普及程度不高。

而元宇宙之所以还局限在比较小众的范围内，是因为手机本身提供的内容生态已经比较成熟了，用户没有必要再去使用笨重、不好操作的 VR 头显来刷短视频或者打游戏。所以，目前元宇宙产品的主要问题之一就是技术发展不到位，产品没有建立起比传统产品更极致的体验，给消费者带来额外惊喜。

元宇宙需要的是拟人级别的人工智能，能对一个人的数据进行充分收集和分析，让他们的所有感官都进入虚拟世界，但目前对人脑潜力的研究大多还停留在理论阶段，距离开发出真正的脑机接口还有一段路要走。

另外，元宇宙需要的数据量及运算量巨大，例如，传输一张照片只需要 2MB 的数据量，而传输一个虚拟数字人可能需要 2Tb 的数据量，这对于任何一家运营商的服务器而言都是巨大的考验，从商业角度上而言也并不划算。

首先，以目前的技术能力来说，很多小众项目的研发成果并不确定。而元宇宙的形成需要硬件落地，特别是芯片制造领域半导体技术的成熟。但随着摩尔极限的限制，芯片行业会迎来发展瓶颈。目前，7nm、5nm、4nm 芯片相继出现，3nm 芯片已经设计定型，而 1nm 芯片何时出现，尚未有定论。

其次，5G 甚至 6G 是元宇宙形成必不可少的条件，它保证了信息传输的速度和质量，但目前的 5G 并不能满足元宇宙的需要，需要我们进一步开发出 6G，专门服务于元宇宙。

最后，云计算技术是元宇宙形成的基础，有了云计算提供高效算力，才能保证大规模用户同时在线，元宇宙运行流畅不卡顿。而目前，所有计算和数据上云尚未实现，而且云计算算力的提高还需要通信技术同步发展。

可见，缺乏先进技术基础的元宇宙只是"空中楼阁"。投资者在投资之前要对项目进行理性的分析，包括对技术发展现状、商业模式、落地应用等的分析，从而选择技术基础成熟、发展路径明确的项目。

12.3.2 竞争风险：竞争机制下，项目易夭折

任何新的领域，都充满活力，从前的移动互联网是，现在的元宇宙也是。但是，每个新领域都会经历一个野蛮生长期，就像人们说的"站在风口上，猪都能飞起来"。一旦野蛮生长期结束，市场竞争就会加剧，届时只有有实力的项目才能存活下来。

有些元宇宙项目，面对竞争，只懂得复制、压价，这样不仅压缩了自身的利润空间，还没有自己的亮点，很难持续发展。

除此之外，还有一些在野蛮生长期发展起来的灰色产业，例如发行元宇宙虚拟货币，以元宇宙投资为名目进行非法集资；以元宇宙为噱头开展传销诈骗活动，形成一种以人为渠道空转的分销模式。这些灰色产业为法律所不容，往往在监管政策完善之后就会销声匿迹。

巨头对小项目的吞并也存在巨大的风险。虽然巨头对开展新项目都比较谨慎，但一旦新项目可能对自身产生威胁，巨头会当机立断，立刻抛弃新项目，从而导致这些项目夭折。

可见，对于投资者来说，选择独立运营的小项目，确实可能选对风口，大赚一笔，但也有可能因为小项目的竞争力不足、中途夭折，而损失惨重。这样看来，一些背靠大企业的项目显然是更稳妥的选择。

12.3.3　可行性分析：选好项目更要把握时机

除了技术和竞争外，投资者还要注意项目本身的可行性。一些项目看似潜力巨大，创始人也信心十足，但落地模式却并不明确，或存在一些严重的问题，这样的项目不能算是好项目。

1.　贪大求全

移动互联网刚兴起的时候，有些企业就提出了这样一个设想：能不能研发一个集社交、网购、推广、娱乐等功能于一体的应用，满足所有用户的需求。然而，想法是好的，创业者却没有认清自己的实力。大多的移动互联网的爆款产品，都是在主流业务的基础上发展起来的。例如，抖音的电商板块发展得好，就是得益于它的短视频业务积累的大量高黏性的用户。

很多创业者贪大求全，想"一口气吃成个胖子"，而有方向、会判断市场的创业者是绝不会在项目初期就浪费大量资源的。元宇宙里也不会有大而全的产品，一个能满足人们所有需求的元宇宙产品，没有技术亮点，也没有核心竞争优势，久而久之，只会逐渐被淘汰。

2.　产品伪需求

虽然元宇宙概念火热，但其产品也需要经得起市场检验，因为新时代消费者可不是好糊弄的"冤大头"，他们更注重产品的实际体验。很多打着创新旗号的另类元宇宙产品其实并没有找准用户的痛点，实际属于用户无感的伪需求产品，这类产品自然会被淘汰。

第 13 章

机遇与风险：元宇宙商业风险与收益同在

元宇宙作为新的经济增长点和下一个具有战略意义的竞争领域，将引发全球科技产业的新一轮变革。元宇宙通过改变数字生态、重构生产关系、改善生活方式，重塑我们所处的世界，进而推动社会的进化。但在社会进化中，机遇与风险同在，当前元宇宙概念尚未明确，一些潜藏的风险挑战也不容易被识别。

13.1 商业机遇：新市场带来新收益

元宇宙的英文是 Metaverse，是"超越"（meta）与"宇宙"（universe）的组合。这代表着元宇宙将打破虚拟与现实隔阂，成为超越宇宙的存在。虽然目前元宇宙还没有产生"杀手级"产品，但数字化推动了元宇宙的进程，"杀手级"产品的出现指日可待。随着技术成本的降低，用户基数的扩大，元宇宙可能会在未来5 至 10 年迎来爆发期，带来巨大的收益。

13.1.1 游戏与社交领域发展迅猛，展现元宇宙雏形

游戏与社交领域作为最先引入元宇宙概念的领域，发展迅猛，现已逐渐展现

出了元宇宙雏形。但目前，这两个领域构建出的元宇宙雏形与元宇宙成熟形态还存在较大差距，还需要在沉浸感、可进入性、可触达性、可延展性几个方面进行提升。

首先，通过 AR、VR 等交互技术提升沉浸感。回顾游戏和社交产品的发展历程，沉浸感一直是技术突破的主要方向。从 2D 到 3D 的建模方式，从第三人称视角到自由切换视角，从键盘、鼠标操作到体感操作，从单声道到立体环绕声，虚拟物体呈现方式越来越具立体感，互动方式也越来越具真实感。未来，随着 VR、AR 等人机交互技术的发展，更加拟真、多感官的人机交互方式将会出现，游戏与社交的沉浸感也有望大幅提升。

其次，通过 5G、云计算等技术让大规模用户同时在线，提升可进入性。元宇宙的交互用户数量将达到亿级，人人都能随时随地进入元宇宙且流畅不卡顿。而目前的终端服务器承载能力有限，难以支持大规模用户同时在线。未来，随着 5G 和云计算等技术的进步和普及，游戏与社交应用的可进入性将会进一步提升，这将大幅增加元宇宙的用户量。

再次，通过算法、算力推动渲染模式升级，提升可触达性。目前，许多游戏和社交应用采用传统的终端渲染模式，受限于硬件设备的 GPU 渲染能力，画面像素的精细度仍无法达到真假难辨的地步，虚拟场景和虚拟人物的呈现效果仍具有"违和感"，无法达到元宇宙无限接近现实世界的要求。未来，随着算法、算力、半导体等产业的发展，现有的渲染模式将进一步改进，游戏和社交产品的可触达性将得到提升，用户的体验感将更加真实。

最后，通过区块链、AI 等技术降低内容创作门槛，提升可延展性。体量足够的内容是建立元宇宙的基础，但是现在游戏和社交领域的中心化内容生产模式后继乏力，无法实现大规模的内容产出。因此，我们需要建立一个机制，让每个用户都能自由地创作内容，并且能在过程中获得持续激励，形成一个闭环经济体系。

未来，区块链经济、AI、综合内容平台等将会进一步发展，数字内容的归属权问题将会得到解决，元宇宙内容会迎来爆发式增长，最终构建起没有边界的元宇宙。

13.1.2　用户创作爆发，边玩边赚成为趋势

微信公众号催生了创作者经济，后来随着短视频的兴起，内容输出变得更加简单、全民化，创作者经济也得到了进一步的发展。正所谓"时势造产品"，每一轮科技变革，都给创作者经济带来了新的变化。而被誉为"下一代互联网雏形"的元宇宙，又将让创作者经济产生什么新变化呢？

1．媒介

媒介的演变是创作变化的最直观体现。早期的纸媒有着严格的标准与流程，对创作的要求也很高。而随着传输技术、无线电技术的发展，广播和电视出现了，创作者也由写作者变成导演、编剧、摄影、美术等创作视听感受的角色。再后来互联网利用数字技术、网络技术改变了信息的传递形态，打破了时空的限制，实现了创作者与用户的双向交互，进入了人人都是创作者的时代。而在元宇宙时代，多种技术的融合与成熟会引起创作形式的再次变化，用户与创作者的互动会进一步加强，创作不再有门槛，任何人都可以根据自己的意愿创作一些游戏和应用。

2．打破平面，步入立体

无论是电视、电脑，还是手机、平板电脑，这些设备为用户提供的视听体验还只是停留在平面层面，而元宇宙的出现让用户获得立体的视听体验。例如，现在我们大多是用鼠标、键盘、手柄进行游戏操作，而进入元宇宙后，我们可以亲身感受整个游戏世界，我们的手势、动作、表情都会映射在元宇宙中。

而围绕着新体验，更多丰富的内容也将出现。例如，在元宇宙可能会出现第

一人称视角的电影，电影没有主演，每个观众就是主演。并且观众的选择会影响剧情的走向，最终产生不同的结局。电影式游戏《底特律：变人》就在进行此类探索。

3．边玩边赚成为趋势

边玩边赚（P2E，Play-to-Earn）指的是一种去中心化的经济商业模式，目前的许多 NFT 游戏都采用这种模式。例如，在 NFT 游戏 Axie Infinity 中，玩家可以指挥其 Axie 赢得战斗，完成日常任务，以获得虚拟货币奖励，还可以繁殖新的 Axie，出售给其他玩家。而游戏中的虚拟货币与现实世界挂钩，人们也可以在二级市场上用现实世界的货币交易 Axie。这样人们就可以通过玩游戏和交易 NFT 来赚取收入，目前很多国家的用户通过玩此类游戏获得了高于当地最低工资的收益。

未来，人们的衣食住行都会迁移到元宇宙中，人们也会出现在元宇宙谋求生计的需求，而这样边玩边赚的商业模式刚好为人们提供了一个赚钱的途径。有了这个商业模式，元宇宙的内容不再只有娱乐功能，还有了激励机制促使玩家持续留存，同时也使虚拟资产的所有权有了新的定义。

元宇宙对于创作者而言是一个具有颠覆性的机遇，开辟了一条更加自由、开放的创作道路，但同时也让创作者面临着新挑战。如何参与到元宇宙中、如何快速找准定位并获取价值，是值得所有创作者深思的问题。

1．更加复合的知识和技能

在元宇宙来临之前，创作者需要具备的技能是相对简单的。例如画家一般会有合作的中介或经纪人，让他们不用操心绘画之外的事；作家只需要一个笔记本电脑就可以完成所有的工作，甚至只需要纸和笔就可以构建出故事；音乐人只需要一把吉他就可以去各个地方巡演。然而元宇宙时代的创作者需要有更加复合的知识和技能，例如新媒体知识、人工智能知识、区块链知识等。

除此之外，很多游戏平台也为创作者提供了设计工具，如 Roblox 的 Roblox Studio。创作者可以通过这些工具更加轻松地创建游戏内容，学会使用这些工具对于创作者而言可以大大提升创作效率。同时像软件开发者一样思考对创作者来说也十分重要，例如，学习 Java、Python、C 语言等编程语言，可以让创作者更好地适应元宇宙的运行逻辑，从而创作出与之相适应的内容。

2．从创作者变成内容创建者

自新型冠状病毒肺炎疫情爆发以来，实体经济和数字经济开始加速融合。例如，微软在 2020 年，关闭了全球 83 家实体店，然而这并不意味着微软经营不善需要大幅裁员，而是微软顺应数字经济趋势，优化了线上服务体系，将经营重心转移到了线上。无独有偶，近几年，沃尔玛、家乐福、人人乐等传统超市开始大幅闭店，与此同时，盒马生鲜、叮咚买菜、京东到家等线上采购模式受到人们的欢迎。

在这样的大趋势下，创作者不再只针对某一群体提供特定内容，而是给数百万用户提供内容。因此，创作者需要走出去，学会接受新平台，从创作者变成内容创建者。同时，创作者可以借助多样化的平台，用更优质的内容打动用户。例如，利用融合 XR 技术的全新平台，进行跨平台营销。

3．履行社会责任

在元宇宙中，创作者不仅负责提供内容，还需要倾听社区的诉求。元宇宙中的用户来自世界各地，有着不同的习惯和文化背景。因此创作者的内容需要充满多样性和文化包容性，这也是创作者的社会责任。毕竟当创作者影响力越来越大时，其作品将会对社会环境和风气造成一定影响，因此创作者必须要具备社会责任感，主动带头营造开放、自由、包容的元宇宙环境。

13.1.3 热潮之下，元宇宙时代正在来临

元宇宙正处于风口，有人对其大力追捧，例如微软、英伟达、Meta 等公司对元宇宙进行大量的推广、宣传，并推出了一些概念性的产品；也有人持质疑态度，例如冰岛旅游部门曾发布广告宣传片质疑元宇宙概念的可行性。

每一个新概念在诞生的时候，都会饱受外界的争议。我们要冷静、理性地看待新概念的发展，既不能盲目入局，也不能视而不见。虽然距离全民元宇宙尚有很大一段距离，但元宇宙时代确实正在来临。

从历史角度来看，计算机的性能越来越强大，体验也越来越丰富。在互联网诞生之初，人们只能在黑色背景上编辑文本；在 20 世纪 90 年代，出现了平面图像；在 21 世纪 10 年代，视频占据主导地位。可见，互联网向三维迈进是一种必然趋势。

从发展规律来看，现在看似荒诞的想法不代表未来不会实现。例如，YouTube在 2005 年刚推出时，很多人认为有线电视的节目已经足够多了，没有人会想看个人创作者制作的粗糙的短视频，而在十几年后的今天，短视频甚至使有线电视节目陷入生存危机。社会发展有时会超乎人们的想象，就像在 20 世纪 90 年代，手机还是一个笨重的"砖块"，除了接打电话几乎没有任何功能。而仅过了二十几年，手机就变成最畅销的电子设备之一，每个人都机不离手。

这或许并不意味着人类每个奇思妙想都会成功，也不意味着元宇宙会在一夜之间实现。但它确实表明，在不远的未来，元宇宙会成为现实。

13.2 商业风险：发展尚不成熟，风险暗藏

目前，元宇宙发展尚不成熟，其是否能引领未来的数字生态还有待观察。作

为前沿技术的集成，元宇宙已经初步显现出了一些潜在的风险战。

13.2.1　早期产品不出彩，商业化效果差

回顾 2021 年，对于元宇宙，有人在"炒"，也有人已经付诸行动。虽然技术尚不成熟，但还是有许多产品上线了，例如希壤、虹宇宙、TheSandbox、Horizon Worlds、Roblox 等，这些产品也都吸引了很多流量。

但如果想从这些早期产品中窥得元宇宙的冰山一角，不免令人有些失望。客观来说，当前的元宇宙产品，与它的网络热度相比，并不太出彩。

目前，我国的两款已上线的元宇宙产品并没有像想象中那样大受欢迎，它们在 App Store 上的用户反馈都很一般，希壤的评分是 2.3 分，虹宇宙的评分是 2.6 分。

有些用户将虹宇宙与 QQ 秀对比，认为其游戏性差、完成度不高，并没有从中体会到其宣传的沉浸感。无独有偶，Meta 推出的 Horizon Worlds 的表现也不尽如人意。有用户指出："Horizon Worlds 构建的元宇宙世界就像里面的人物一样，只有'半截身子'，很不成熟。"如图 13-1 所示。

图 13-1　Horizon Worlds 的虚拟世界

不仅是这些产品，现在市面上与元宇宙相关的产品，商业化效果都不太好。人们畅想新概念的同时，不免对这些产品有些失望，因为这与他们心中的《头号

玩家》中的"绿洲"一样的元宇宙差距很大。

可见，尽管技术能力强如 Meta、百度，在元宇宙产品的呈现上，依然不尽如人意。那么，元宇宙的实现，究竟有多困难？当前希壤上线的版本为 6.0 版本，这意味着至少还需要 6 次跨越性更新才能完成正式版本。如果百度能保证一年更新一次，那我们也要在 6 年后才能看到一款完整的元宇宙产品。

与其说元宇宙是一个从 0 到 1 的技术呈现，不如说元宇宙是-1 到 1 的孪生复刻。例如，网易云信发布的 VR 语音解决方案，首创 720 度空间语音效果，能模拟出声源的方位、距离。这套方案相比于 360 度音效增加了垂直方向的语音效果，让虚拟世界的声音感受更接近现实世界的感受。这样一来，元宇宙的空间规则进一步被完善，更趋于现实世界。

尽管元宇宙并非是一个与现实世界一模一样的空间，但元宇宙的空间规则必须与现实世界的规则一致。例如，在现实世界，左边的桌子塌了，会有响声，而且声音会从左边传来，那么在元宇宙中，也同样要有响声，并且声音也要从左边传来。而这种基础规则的构建，需要多项技术的支持，是实现元宇宙的一大难点。很多元宇宙产品看似内容丰富，但并没有元宇宙的体验感，原因就在于受技术限制，基础规则不够完备。

因此，打造一款真正意义的元宇宙产品，还有太多技术阻碍要突破，也还有更多基础规则需要通过技术来构建。这也意味着元宇宙产品并不能在短期内实现巨大盈利，对于投资者和创业者来说还是要谨慎入局的。

13.2.2　人们接受程度不高，普及过程遇到阻碍

科技行业及相关从业者普遍看好元宇宙，但想要普及元宇宙，还需要大众对元宇宙形成广泛的认知。Forrester Research 曾做过一项调查，测试人们对元宇宙的接受程度，样本包含 1263 人，其中 572 人来自美国，691 人来自英国。

调查结果显示，27%的美国人及 36%的英国人认为元宇宙可有可无，对他们个人的虚拟体验毫无影响；29%美国人及 33%的英国人根本不知道元宇宙是什么；13%的英国人及 19%的美国人认为企业应该大力发展元宇宙；23%的美国人及 17%的英国人愿意体验元宇宙。

Loup Fund 也做过一项调查，研究人们是否愿意在虚拟世界花费更多的时间。调查结果显示，69%的人认为如果虚拟世界体验更好，他们愿意在虚拟世界花费更多的时间。31%的人认为把时间花在现实世界更有意义。

可见，即使元宇宙的体验感超过现实世界，也还是有人认为把时间花在现实世界更有意义。就如现在生活的方方面面几乎都离不开手机，但并不是所有人都会把许多时间花费在手机上一样。因此，想要将元宇宙变成一个消费级产品，我们需要思考元宇宙能为人们提供哪些现实世界中没有的价值，而这一问题的答案也是未来元宇宙发展的方向。

13.2.3 能源环保压力，元宇宙发展消耗更多资源

有人说元宇宙非常好，因为它的边际成本是 0，还可以容纳更多人口。但事实并非如此，一个逼真的虚拟世界同样也需要消耗能源，而且是巨量能源。消耗能源则意味着会产生更多的碳排放。而这与我们国家提倡的"碳达峰、碳中和"理念背道而驰，也与人类的环保共识相背而行。

元宇宙让人们足不出户就能完成许多工作，虽然看似节省了上下班交通拥堵消耗的能源和浪费的时间，但其本身的存在需要依靠巨大的算力和数据，而这也需要消耗许多的资源和能源。即使未来人类的一切工作都能在虚拟世界中完成，但虚拟世界本身的存在还需要现实世界为其提供动力。而且，世界可能无法接受一个巨额的碳排放新领域。

因此，如何趋利避害，让元宇宙的发展与环境保护和谐共生，也是需要我们

重点考虑的问题。人类想要获得可持续发展，必须保护好赖以生存的空间，让子孙后代得以延续。

13.2.4　政府监管制约，各国监管影响元宇宙发展

元宇宙的终极目标是建立一个去中心化的、开放的虚拟世界，从而使得全世界的人都可以在这个平台上进行创作。这一目标十分远大，却有些过于理想化。首先，各国的监管政策的不同会影响这个目标的实现；其次，随着各国监管政策的变化，元宇宙的后期走势很难预料，充满了不确定性。下面来介绍一下，目前各个国家对元宇宙进行了哪些探索，又出台了哪些政策法规。

1．美国：率先提出元宇宙概念，监管机构关注数据安全

除了时常在影视作品中畅想未来科幻世界，美国也是最开始探索元宇宙的国家。第一家元宇宙公司 Roblox 就是美国的一家公司，它在招股说明书中指出了元宇宙的 8 个关键特征，将原本存在于科幻小说中的元宇宙概念进一步细化。在这之后，美国的互联网巨头们，如 Facebook、微软、谷歌、英伟达等先后宣布入局元宇宙。

在尽力发展元宇宙的同时，美国的监管机构重点关注数据安全和隐私保护问题，毕竟在元宇宙中用户要提供更多的数据，如生物特征、位置、银行信息、消费习惯等。为了遏制数据滥用，美国的监管机构采取了相应的行动，例如，美国联邦贸易委员会对 Facebook 泄露消费者数据的行为罚款 50 亿美元，并对该平台实施更严格的隐私限制。这让互联网公司不得不重视用户的隐私保护问题。

2．韩国：积极探索元宇宙

在世界范围内，韩国政府对元宇宙的反应最快，并且成立了元宇宙协会。目

前，包括三星在内的两百多家企业已经加入了这个协会。韩国首尔市政府还曾宣布要打造元宇宙平台，做韩国第一个提供元宇宙服务的地方政府。

根据韩国政府的《旅游产业复苏及再跃进方案》，韩国政府主要将元宇宙与旅游业结合，推进虚拟旅游与实际旅游相结合的"双轨"体系。

3．俄罗斯：为元宇宙发展指明方向，视法律制定为挑战

在俄罗斯看来，元宇宙的价值在于消除物理世界限制，让人们无论相隔多远，都可以一起交流、工作、学习，而不是从不完美的现实世界逃离到虚拟世界。

因此，为了让元宇宙发挥真正的价值，俄罗斯致力于建立经济和社会关系规范。而元宇宙的法律，不仅要保护个人的安全，还需要保护虚拟替身的安全。因此，俄罗斯需要针对虚拟世界与现实世界可能会出现的各种问题，制定更全面、详细的法律。

4．中国：企业密集布局元宇宙，炒作风险是监管重点

我国在元宇宙的赛道上，也没有落后。2021 年，我国有关元宇宙的新注册商标共有 4366 件，其中仅 9 月和 10 月两个月就申请了 3510 件，可见各大企业对布局元宇宙的热情都非常高涨。此外，韩国成立元宇宙协会后，中国移动也成立了元宇宙产业委员会，这是我国首家获批的元宇宙行业协会。

元宇宙的火爆，催生了许多元宇宙概念股。而这些炒作而生的概念股也引起了我国监管机构的注意，例如，监管部门对中青宝、天下秀、盛天网络等数十家元宇宙概念股公司进行了集中问询，要求公司详细说明现有业务与元宇宙的相关性、业务开展情况等。这表现出了我国监管机构对元宇宙炒作风险的高度关注。

在法律方面，我国施行了《中华人民共和国个人信息保护法》，其中对个人信息的保护、平台数据垄断、不同规模企业的义务责任等问题作出了规定，限制了元宇宙的野蛮发展趋势。

综上所述，由于各国政府的重视程度、发展侧重及监管力度的不同，元宇宙描绘的"天下大同"的世界还很难实现。现在，元宇宙还处于野蛮生长期，缺少制度和立法的约束，所以有些看似红火的项目，实则存在巨大的泡沫。例如，在被监管部门问询后，天下秀因为实际业务尚未展开，股价下跌了 4.51%。

因此，无论你是想要研发元宇宙产品，还是想要投资元宇宙项目，都要对监管政策多加关注，忽视政府监管制约的项目，就像空中楼阁一样，随时可能轰然倒塌。

13.3　未来前景：元宇宙激发商业潜能

未来，发展完善的元宇宙不只提供一种沉浸式的生活体验，还会形成一个完整的生态系统。新的市场和新的消费者将会在元宇宙中共存。在长期发展的过程中，元宇宙应用场景将逐步向更多领域蔓延，赋能更多行业。

13.3.1　长期沉淀：元宇宙应用逐步赋能行业

元宇宙指向未来人们生存的数字化空间，其影响力也将在未来不断延伸，从技术和产业领域延伸至社会治理领域。从相关技术的成熟度来看，元宇宙实现全面落地还需要长时间的积淀，而在这一过程中，元宇宙将分三个阶段为各行业赋能。

1. 第一阶段：解构行业需求，夯实底层技术

在这一阶段，元宇宙将聚焦各行业的需求痛点，产出更多先进的元宇宙应用，覆盖更多细分领域。在这一过程中，元宇宙的底层技术也将得到进一步发展，实

现元宇宙应用的迭代。

例如，在游戏、社交、购物等领域，受限于手机、电脑等终端，难以给用户带来更真实的感受。而元宇宙应用则可以针对这些行业的核心诉求，发挥其沉浸体验优势，带给用户更好的体验。同时，在 XR 技术、相关硬件产品的不断迭代下，用户在元宇宙中获得的沉浸感和真实感也将进一步加深。

2．第二阶段：重塑应用场景，产生新兴模式

在这一阶段，元宇宙应用在各行业的落地更加普遍，与各领域的结合更加紧密。同时，虚拟现实、云计算、网络等底层技术也发展得相对成熟。在这种情况下，元宇宙得以在满足各行业需求的基础上，实现对各行业具体应用场景的重塑。

例如，在工业生产方面，传统业务模式包括设计、打样、量产、交付等流程，而元宇宙在工业生产方面的应用将重塑上述流程。凭借实时数据传输、数字孪生等技术，使存在于元宇宙中的数字工厂得以实现，从而将工业生产全流程从线下搬到线上，解决设计、打样成本较高，产品标准化生产困难等问题。

3．第三阶段：颠覆传统理论，变革生活方式

在这一阶段，元宇宙已经和各行业实现了深度融合，同时产生了多样的新行业及新的市场空间。同时，元宇宙实现的沉浸式游戏、工作、社交等将潜移默化地影响人们的生活，变革人们的生活理念。此外，元宇宙中人们与虚拟角色共存，也会构成更复杂的社会关系，对社会治理产生巨大影响，从而改变人们的生活方式。

未来，随着元宇宙的发展，工作、游戏、购物、观影等更多日常活动都可以在元宇宙中实现，伴随着这一趋势，针对元宇宙的立法也将在未来逐渐完善，从而规范人们在元宇宙中的行为。

13.3.2 平台互通，跨平台商业交易成为可能

当前，市场中已经出现了一些元宇宙平台，支持用户在其中进行体验、创造，并积累虚拟资产。但这些平台依旧存在一些缺陷，存在很大的发展空间。例如，虽然用户可以在其中多个平台上进行创造或交易，但由于平台之间的封闭性，用户的这些行为难以实现跨平台互通。

而在未来，元宇宙将实现不同平台之间的互通，由一个个的子宇宙演化发展为边界不断扩展的元宇宙。基于此，平台与平台间的交易壁垒将被打破，从而激活更多的商业交易。

跨链技术、标准协议和完善的经济体系是无数子宇宙聚塔城沙的关键。

首先，元宇宙平台搭建于不同的区块链中，而跨链指的是通过特定的技术手段，使价值跨过链与链之间的屏障实现交互，助力不同区块链之间的资产流通。跨链技术是推动元宇宙实现大范围扩展的核心技术，可以实现不同区块链网络间的相互操作，实现跨链支付、去中心化交易所、跨链数据交互等。

其次，元宇宙将在发展过程中形成一套完整的通用协议，涉及用户身份、数字资产、社交网络等。在通用协议下，不同的元宇宙平台可以实现相互连接，而人们则可以在不同的元宇宙平台中使用同一个数字身份，在多平台中进行商业交易等。

最后，在虚拟资产不断被创造和交易的过程中，元宇宙将形成一套完善的数字信息资产化机制和资产自由流通、交易的经济系统。在此基础上，NFT、数字货币、现实货币之间也会逐渐形成一套覆盖支付、兑换、提现等功能的体系，助力元宇宙中的资产流转。

在以上三方面发展的作用下，不同元宇宙平台将在发展过程中走向融合，演化成一个包容万象的元宇宙生态。在这样的生态中，人们的创作活动、商业交易、资产流转等不再局限于平台的限制，创作活动和商业活动等也将被进一步激活。

附录 A

元宇宙未来应用图景

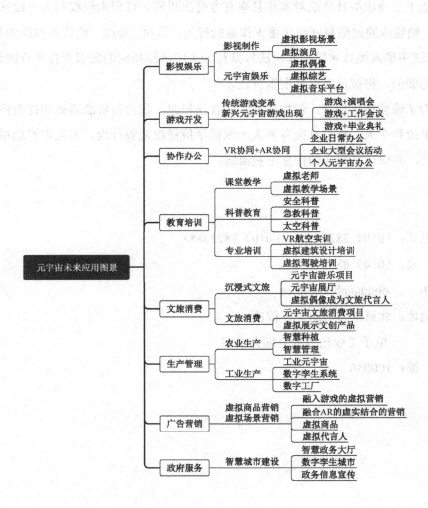

元宇宙未来应用图景
- 影视娱乐
  - 影视制作
    - 虚拟影视场景
    - 虚拟演员
  - 元宇宙娱乐
    - 虚拟偶像
    - 虚拟综艺
    - 虚拟音乐平台
- 游戏开发
  - 传统游戏变革
  - 新兴元宇宙游戏出现
    - 游戏+演唱会
    - 游戏+工作会议
    - 游戏+毕业典礼
- 协作办公
  - VR协同+AR协同
    - 企业日常办公
    - 企业大型会议活动
    - 个人元宇宙办公
- 教育培训
  - 课堂教学
    - 虚拟老师
    - 虚拟教学场景
  - 科普教育
    - 安全科普
    - 急救科普
    - 太空科普
  - 专业培训
    - VR航空实训
    - 虚拟建筑设计培训
    - 虚拟驾驶培训
- 文旅消费
  - 沉浸式文旅
    - 元宇宙游乐项目
    - 元宇宙展厅
    - 虚拟偶像成为文旅代言人
  - 文旅消费
    - 元宇宙文旅消费项目
    - 虚拟展示文创产品
- 生产管理
  - 农业生产
    - 智慧种植
    - 智慧管理
  - 工业生产
    - 工业元宇宙
    - 数字孪生系统
    - 数字工厂
- 广告营销
  - 虚拟商品营销
  - 虚拟场景营销
    - 融入游戏的虚拟营销
    - 融合AR的虚实结合的营销
    - 虚拟商品
    - 虚拟代言人
- 政府服务
  - 智慧城市建设
    - 智慧政务大厅
    - 数字孪生城市
    - 政务信息宣传

反侵权盗版声明

　　电子工业出版社依法对本作品享有专有出版权。任何未经权利人书面许可，复制、销售或通过信息网络传播本作品的行为；歪曲、篡改、剽窃本作品的行为，均违反《中华人民共和国著作权法》，其行为人应承担相应的民事责任和行政责任，构成犯罪的，将被依法追究刑事责任。

　　为了维护市场秩序，保护权利人的合法权益，我社将依法查处和打击侵权盗版的单位和个人。欢迎社会各界人士积极举报侵权盗版行为，本社将奖励举报有功人员，并保证举报人的信息不被泄露。

举报电话：（010）88254396；（010）88258888

传　　真：（010）88254397

E-mail：　dbqq@phei.com.cn

通信地址：北京市万寿路 173 信箱

　　　　　电子工业出版社总编办公室

邮　　编：100036